AF275206

Disfrute gratuitamente **DURANTE UN AÑO** de los eBook y audiolibros de las obras de Editorial Colex*

⊛ Acceda a la página web de la editorial **www.colex.es**

⊛ Identifíquese con su usuario y contraseña. En caso de no disponer de una cuenta regístrese.

⊛ Acceda en el menú de usuario a la pestaña «Mis códigos» e introduzca el que aparece a continuación:

RASCAR PARA VISUALIZAR EL CÓDIGO
Los nuevos medios adecuados de solución de controversias (MASC). Paso a Paso

⊛ Una vez se valide el código, aparecerá una ventana de confirmación y su eBook y/o audiolibro estará disponible **durante 1 año desde su activación** en la pestaña «Mis libros» en el menú de usuario.

¡Gracias por confiar en nosotros!

La obra que acaba de adquirir incluye de forma gratuita la versión electrónica. Acceda a nuestra página web para aprovechar todas las funcionalidades de las que dispone en nuestro lector.

Funcionalidades eBook

Acceso desde cualquier dispositivo con conexión a internet

Idéntica visualización a la edición de papel

Navegación intuitiva

Tamaño del texto adaptable

Síguenos en:

LOS NUEVOS MEDIOS ADECUADOS DE SOLUCIÓN DE CONTROVERSIAS (MASC)

La nueva regulación de los medios adecuados de solución de controversias en vía no jurisdiccional por la LO 1/2025

LOS NUEVOS MEDIOS ADECUADOS DE SOLUCIÓN DE CONTROVERSIAS (MASC)

La nueva regulación de los medios adecuados de solución de controversias en vía no jurisdiccional por la LO 1/2025

EDICIÓN 2025

Obra realizada por el Departamento de Documentación de Iberley

COLEX 2025

© Editorial Colex, S.L.
Calle Costa Rica, número 5, 3º B (local comercial)
A Coruña, C.P. 15004
info@colex.es
www.colex.es

I.S.B.N.: 978-84-1194-885-2
Depósito legal: C 197-2025

SUMARIO

ANEXO. FORMULARIOS

0.
INTRODUCCIÓN

La Ley Orgánica 1/2025, de 2 de enero, de medidas en materia de eficiencia del Servicio Público de Justicia, publicada el 3 de enero de 2025, potencia el **uso de la vía negociadora para resolver las controversias sin necesidad de acudir a la vía jurisdiccional** mediante la regulación de los medios adecuados de solución de controversias en vía no jurisdiccional (MASC), con efectos a partir del 3 de abril de 2025.

Los medios adecuados de solución de controversias en vía no jurisdiccional regulados en los **artículos 2 a 19 de la LO 1/2025, de 2 de enero**, se definen como «cualquier tipo de **actividad negociadora**, reconocida en esta u otras leyes, estatales o autonómicas, a la que **las partes de un conflicto acuden de buena fe con el objeto de encontrar una solución extrajudicial al mismo, ya sea por sí mismas o con la intervención de una tercera persona neutral**».

En el desarrollo de los medios adecuados de solución de controversias, rige el **principio de autonomía privada** lo que supone que las partes son libres para convenir o transigir, a través de estos medios, sobre sus derechos e intereses, siempre que lo acordado no sea contrario a la ley, a la buena fe ni al orden público. No obstante, esto no significa que las partes puedan acudir a los referidos medios en todo caso, ya que el ámbito de aplicación de los mismos queda circunscrito a los asuntos civiles y mercantiles en los términos que determina el artículo 3 de la LO 1/2025, de 2 de enero.

Así, **no podrá acudirse a los medios adecuados de solución de controversias** en los casos siguientes:

- Asuntos laborales, penales y concursales.
- Asuntos de cualquier orden jurisdiccional en los que una de las partes sea una entidad perteneciente al sector público.
- Ni aun por derivación judicial, en el caso de conflictos sobre materias indisponibles para las partes. **¿Qué sucede con los efectos y medidas de los artículos 102 y 103 del CC?** En este caso, sí será posible acudir a los citados medios, sin perjuicio de la homologación judicial del acuerdo alcanzado.
- Conflictos civiles que versen sobre materias excluidas de mediación.

Existen determinados casos en que el hecho de acudir a un medio adecuado de solución de controversias actúa como **requisito de procedibilidad,**

¿cuáles son? Con carácter general se exige para que sea **admisible la demanda**, además se exige en todos los **procesos declarativos del libro II y en los procesos especiales del libro IV** de la LEC. No obstante, se **exceptúan** de lo anterior los procesos que tengan por objeto:

- La tutela judicial civil de derechos fundamentales.
- La adopción de las medidas previstas en el artículo 158 del CC.
- La adopción de medidas judiciales de apoyo a las personas con discapacidad.
- La filiación, paternidad y maternidad.
- La tutela sumaria de la tenencia o de la posesión de una cosa o derecho por quien haya sido despojado de ellas o perturbado en su disfrute.
- La pretensión de que el tribunal resuelva, con carácter sumario, la demolición o derribo de obra, edificio, árbol, columna o cualquier otro objeto análogo en estado de ruina y que amenace causar daños a quien demande.
- El ingreso de menores con problemas de conducta en centros de protección específicos, la entrada en domicilios y restantes lugares para la ejecución forzosa de medidas de protección de menores o la restitución o retorno de menores en los supuestos de sustracción internacional.
- El juicio cambiario.

Asimismo, **no será necesario acudir a los medios adecuados de solución de controversias** en los supuestos del artículo 5.3 de la LO 1/2025, de 2 de enero, entre ellos cabe citar, a título de ejemplo, la interposición de la demanda ejecutiva, solicitud de medidas cautelares previas a la demanda o la de diligencias preliminares o la iniciación de expedientes de jurisdicción voluntaria con alguna excepción.

En cuanto a las **modalidades de negociación previa a la vía jurisdiccional**, la LO 1/2025, de 2 de enero, regula la conciliación privada, la oferta vinculante confidencial, la opinión de persona experta independiente y el proceso de derecho colaborativo. A efectos de cumplir el requisito de procedibilidad, además de estas modalidades, la citada ley orgánica recoge la posibilidad de acudir a la mediación de la Ley 5/2012, de 6 de julio, de mediación en asuntos civiles y mercantiles, así como a cualquier otro medio adecuado de solución de controversias previsto en otras normas con referencia expresa a las conciliaciones ante notario/a, registrador/a, LAJ o juez/a de paz aludiendo a su regulación específica en las respectivas normas.

Como aspectos procedimentales aplicables a la solución de controversias no jurisdiccional cabe destacar, respecto de la **iniciativa**, que puede proceder de una de las partes, de ambas de común acuerdo, o de una decisión judicial o del/de la LAJ de derivación de las partes a los medios adecuados de solución de controversias.

Asimismo, aunque las partes pueden acudir **asistidas de abogado/a**, solo será preceptiva la asistencia letrada en el caso de que el medio utilizado sea la formulación de una oferta vinculante, salvo que la cuantía del asunto controvertido no supere los 2.000 euros o una ley sectorial no exija la intervención de letrado/a para la realización o aceptación de la oferta.

En estos procedimientos de negociación rige una **obligación de confidencialidad** en los términos previstos en el artículo 9 de la LO 1/2025, de 2 de enero.

Finalmente, en cuanto a los **efectos del proceso negociador**, cabe distinguir entre la iniciación del mismo y su terminación:

– La solicitud de iniciación del procedimiento de negociación interrumpe la prescripción o suspende la caducidad de acciones desde que conste el intento de comunicación de la solicitud a la otra parte.

– Respecto a la terminación del proceso:

  • No hay respuesta a la solicitud o termina sin acuerdo: plazo de un año para formular demanda.

  • Existe acuerdo: se formaliza el mismo, el cual se firmará por las partes. Estas podrán compelerse recíprocamente a elevarlo a escritura pública, o solicitar su homologación por el tribunal, con la consideración de título ejecutivo en tales casos, así como cuando conste en la certificación del artículo 103 bis de la Ley Hipotecaria. El acuerdo será vinculante para las partes y contra el mismo solo cabe acción de nulidad por las causas que invalidan los contratos.

1.
LOS MEDIOS ADECUADOS DE SOLUCIÓN DE CONTROVERSIAS EN VÍA NO JURISDICCIONAL

La solución de controversias en vía no jurisdiccional tras la LO 1/2025, de 2 de enero

La Ley Orgánica 1/2025, de 2 de enero, de medidas en materia de eficiencia del Servicio Público de Justicia, publicada el 3 de enero de 2025, ha introducido grandes modificaciones a nivel de organización de la estructura judicial, así como ha incorporado medidas de agilización procesal y de eficiencia de la justicia, destacando entre estas últimas la **potenciación de la vía negociadora para resolver las controversias sin necesidad de acudir a la vía jurisdiccional**.

Para fomentar el uso de la citada vía conciliadora, la LO 1/2025, de 2 de enero, regula los **medios adecuados de solución de controversias en vía no jurisdiccional. ¿Cuál es la finalidad de esta nueva regulación?** Con la regulación de los medios adecuados de solución de controversias en vía no jurisdiccional se trata, como expone el preámbulo de la mencionada norma, de «potenciar la negociación entre las partes, directamente o ante un tercero neutral, partiendo de la base de que estos medios reducen el conflicto social, evitan la sobrecarga de los tribunales y pueden ser igualmente adecuados para la solución de la inmensa mayoría de las controversias en materia civil y mercantil».

A TENER EN CUENTA. La entrada en vigor de la regulación de los medios adecuados de solución de controversias en vía no jurisdiccional está prevista —D.F. 38.ª de la LO 1/2025, de 2 de enero— a los 3 meses de la publicación en el BOE de la LO 1/2025, de 2 de enero, esto es, el 3 de abril de 2025.

La regulación de los medios adecuados de solución de controversias en vía no jurisdiccional se contiene en el **capítulo I, del título II de la LO 1/2025, de 2 de enero, artículos 2 a 19**, que se estructuran en tres secciones:

- **Sección 1.ª**: disposiciones generales, artículos 2 a 11 de la LO 1/2025, de 2 de enero.

– **Sección 2.ª: efectos de la actividad negociadora**, artículos 12 y 13 de la LO 1/2025, de 2 de enero.

– **Sección 3.ª: diferentes modalidades de negociación previa a la vía jurisdiccional**, artículos 14 a 19 de la LO 1/2025, de 2 de enero.

A TENER EN CUENTA. Conforme a la disposición final 37.ª de la LO 1/2025, de 2 de enero, la regulación relativa a los medios adecuados de solución de controversias tendrá el carácter de ley ordinaria.

1.1. Concepto

¿Qué se entiende por medio adecuado de solución de controversias?

Se define en el artículo 2 de la LO 1/2025, de 2 de enero, como «cualquier tipo de actividad negociadora, reconocida en esta u otras leyes, estatales o autonómicas, a la que las partes de un conflicto acuden de buena fe con el objeto de encontrar una solución extrajudicial al mismo, ya sea por sí mismas o con la intervención de una tercera persona neutral».

En cuanto a la figura de la **tercera persona neutral** hay que traer a colación lo previsto en la **disposición final trigésima de la LO 1/2025**, de 2 de enero, respecto de su estatuto, conforme a la cual:

> «A propuesta del Ministerio de Justicia, el Gobierno remitirá a las Cortes Generales, en el **plazo de un año** desde la entrada en vigor de esta ley, un **proyecto de ley que regule el estatuto de la tercera persona neutral** interviniente en cualquiera de los medios adecuados de solución de controversias, incluyendo un régimen de incompatibilidades y de infracciones y sanciones para el caso de incumplimiento de las obligaciones y deberes establecidos en dicho estatuto, sin perjuicio de las competencias de las comunidades autónomas en esta materia.
>
> El estatuto regulará la **obligación** de los terceros neutrales que intervengan en los medios adecuados de solución de controversias de **remitir a los** órganos **competentes la información que se establezca sobre su actividad,** a los únicos efectos de elaboración de una estadística de este sector, y con respeto a las normas sobre confidencialidad y protección de datos.
>
> Las Administraciones con competencias en materia de Justicia acordarán la estructura y contenido de la información sobre la actividad de los terceros neutrales, así como la periodicidad y forma de remisión al Ministerio de Justicia por parte de los órganos autonómicos correspondientes.
>
> **Hasta que no se apruebe** el estatuto de la tercera persona neutral se **aplicará el estatuto personal del mediador previsto en la Ley 5/2012, de 6 de julio, de mediación en asuntos civiles y mercantiles, y las leyes dictadas por las comunidades autónomas en el ámbito de sus competencias».

CUESTIONES

1. ¿Se podrá sufragar el coste de la intervención del tercero neutral con cargo a fondos públicos?

Sí. Se admite esta posibilidad en la disposición adicional segunda de la LO 1/2025, de 2 de enero, en aquellos casos en que la utilización del medio adecuado de resolución de controversias constituye requisito de procedibilidad previo a la vía jurisdiccional y para aquellos otros en que la intervención del tercero neutral se produce por derivación de los tribunales de justicia una vez iniciado el proceso. A tal efecto, en los casos señalados las Administraciones con competencias en materia de justicia podrán establecer todo lo que tengan por conveniente para que el coste de la intervención del tercero neutral se sufrague con cargo a fondos públicos.

2. ¿Cuáles son las funciones de los servicios de medios adecuados de solución de controversias?

La constitución de los servicios de medios adecuados de solución de controversias por parte del Ministerio de Justicia y las comunidades autónomas, según corresponda, se prevé en la disposición adicional tercera de la LO 1/2025, de 2 de enero, que señala la obligación de los mismos de garantizar el acceso universal de la ciudadanía al sistema de justicia y de cumplir las funciones que se establezcan.

Así, sus funciones son, al menos, las siguientes:

– Promover la adecuada utilización de los medios adecuados de solución de controversias.

– Administrar los recursos a su disposición.

– Colaborar con los registros de profesionales de medios adecuados de solución de controversias, facilitando la prestación de su servicio.

– Poner a disposición de todas las personas interesadas los datos de los terceros neutrales e instituciones de medios adecuados de solución de controversias que reúnan los requisitos que se determinen legalmente.

– Informar a los órganos judiciales sobre estos medios y prestar el apoyo necesario a la derivación judicial.

– Llevar a cabo el control, seguimiento y estadística del desarrollo de este servicio.

– Coordinar la actuación de todos los colectivos profesionales, administraciones e instituciones implicados en su desenvolvimiento.

– Desarrollar cuantas labores sean necesarias para la implantación y utilización de los medios adecuados de solución de controversias en el servicio público de justicia.

3. ¿Qué sucede cuando la Administración es parte de un medio de solución de controversias?

En relación con estos casos la LO 1/2025, de 2 de enero, en su disposición final 31.ª, prevé un plazo de 2 años desde la entrada en vigor de aquella, para que el Gobierno elabore y presente a las Cortes Generales un proyecto de ley que atienda, en el ámbito administrativo, a los medios de solución de controversias cuando una de las partes es la Administración. Esta iniciativa reconocerá las experiencias en mediación que, en los conflictos en que una de las partes es la Administración, se han desarrollado y se están desarrollando en las Administraciones que cuentan con competencias en materia de justicia.

1.2. Principio de autonomía privada

Principio de autonomía privada
(art. 4 de la LO 1/2025, de 2 de enero)

En el desarrollo de los medios adecuados de solución de controversias, rige el **principio de autonomía privada ¿esto qué significa?** Pues que las partes son libres para convenir o transigir, a través de estos medios, sobre sus derechos e intereses, siempre que lo acordado no sea contrario a la ley, a la buena fe ni al orden público.

> **CUESTIÓN**
>
> **¿Podrán las partes alcanzar acuerdos parciales?**
>
> Sí, las partes podrán llegar a acuerdos totales y parciales y, respecto de estos últimos, podrán presentar demanda en relación con las pretensiones de la controversia en las que siga existiendo discrepancia.
>
> Entonces, en virtud del citado principio de autonomía privada y cualquiera que sea el asunto de que se trate ¿podrán las partes, siempre que así lo decidan, acudir a los medios adecuados de solución de controversias? No, el ámbito de aplicación de los medios mencionados se circunscribe a los asuntos civiles y mercantiles en los términos que determina el artículo 3 de la LO 1/2025, de 2 de enero.
>
> En este sentido, del artículo 4 de la LO 1/2025, de 2 de enero, se infiere lo siguiente:
>
> – No podrán someterse a medios adecuados de solución de controversias, ni aun por derivación judicial, los conflictos que versen sobre materias que no estén a disposición de las partes.
>
> – Será posible su aplicación en relación con los efectos y medidas previstos en los artículos 102 y 103 del Código Civil, sin perjuicio de la homologación judicial del acuerdo alcanzado.
>
> – En ningún caso podrán aplicarse los medios de solución de controversias, a los conflictos de carácter civil que versen sobre alguna de las materias excluidas de la mediación, conforme al artículo 89.9 de la LOPJ.

1.3. Requisito de procedibilidad

Los medios adecuados de solución de
controversias como requisito procedibilidad

Existen determinados casos en que el hecho de acudir a un medio adecuado de solución de controversias actúa como **requisito de procedibilidad,** ¿cuáles?

– **Regla general**: en el orden jurisdiccional civil para la admisión de la demanda.

CUESTIÓN

A efectos de admisión de la demanda en el orden jurisdiccional civil ¿cuándo se entiende cumplido el requisito de procedibilidad de acudir a un medio adecuado de solución de controversias?

En estos casos, para entender cumplido el citado requisito, se exige que exista identidad entre el objeto de la negociación y el objeto del litigio, aun cuando las pretensiones que pudieran ejercitarse en vía judicial sobre dicho objeto pudieran variar.

Asimismo, se entiende cumplido:

– Si se acude previamente a la mediación, a la conciliación o a la opinión neutral de una persona experta independiente.

– Si se formula una oferta vinculante confidencial.

– Si se emplea cualquier otro tipo de actividad negociadora reconocida en las leyes.

– Cuando la actividad negociadora se desarrolle:

» Directamente por las partes.

» Entre sus abogados/as bajo sus directrices y con su conformidad.

– En los casos en que las partes hayan recurrido a un proceso de derecho colaborativo.

– **Reglas especiales**: en todos los procesos declarativos del libro II de la LEC y en los especiales del libro IV de la misma norma.

– **Excepciones**: se exceptúan de la regla anterior los procesos que tengan por objeto:

- La tutela judicial civil de derechos fundamentales.

- La adopción de las medidas previstas en el artículo 158 del CC.

- La adopción de medidas judiciales de apoyo a las personas con discapacidad.

- La filiación, paternidad y maternidad.

- La tutela sumaria de la tenencia o de la posesión de una cosa o derecho por quien haya sido despojado de ellas o perturbado en su disfrute.

- La pretensión de que el tribunal resuelva, con carácter sumario, la demolición o derribo de obra, edificio, árbol, columna o cualquier otro objeto análogo en estado de ruina y que amenace causar daños a quien demande.

- El ingreso de menores con problemas de conducta en centros de protección específicos, la entrada en domicilios y restantes lugares para la ejecución forzosa de medidas de protección de menores o la restitución o retorno de menores en los supuestos de sustracción internacional.

- El juicio cambiario.

A efectos de entender cumplido el requisito de procedibilidad señalado, el artículo 14.1 de la **LO 1/2025, de 2 de enero**, expresa:

«A los efectos de cumplir el requisito de procedibilidad para la iniciación de la vía jurisdiccional, y sin perjuicio de lo dispuesto en el artículo 5.1, las partes podrán acudir **a cualquiera de las modalidades de negociación previa** reguladas en este capítulo, a la mediación regulada en la Ley 5/2012, de 6 de julio, o a cualquier **otro medio adecuado de solución de controversias** previsto en otras normas. En particular, las partes podrán cumplir dicho requisito mediante la **negociación directa o, en su caso, a través de sus abogados o abogadas, así como a través de un proceso de Derecho colaborativo**».

¿En **qué casos no es necesario acudir a un medio adecuado de solución de controversias?** Conforme al apartado 3 del artículo 5 de la LO 1/2025, de 2 de enero, en los siguientes:

- Interposición de una demanda ejecutiva.

- Solicitud de medidas cautelares previas a la demanda.

- Solicitud de diligencias preliminares.

- Iniciación de expedientes de jurisdicción voluntaria, salvo los expedientes de intervención judicial en los casos de desacuerdo conyugal y en la administración de bienes gananciales, así como de los de intervención judicial en caso de desacuerdo en el ejercicio de la patria potestad.

- Presentar la petición de requerimiento europeo de pago conforme al Reglamento (CE) n.º 1896/2006 del Parlamento Europeo y del Consejo, de 12 de diciembre de 2006, por el que se establece un proceso monitorio europeo.

- Solicitar el inicio de un proceso europeo de escasa cuantía, conforme al Reglamento (CE) n.º 861/2007 del Parlamento Europeo y del Consejo, de 11 de julio de 2007, por el que se establece un proceso europeo de escasa cuantía.

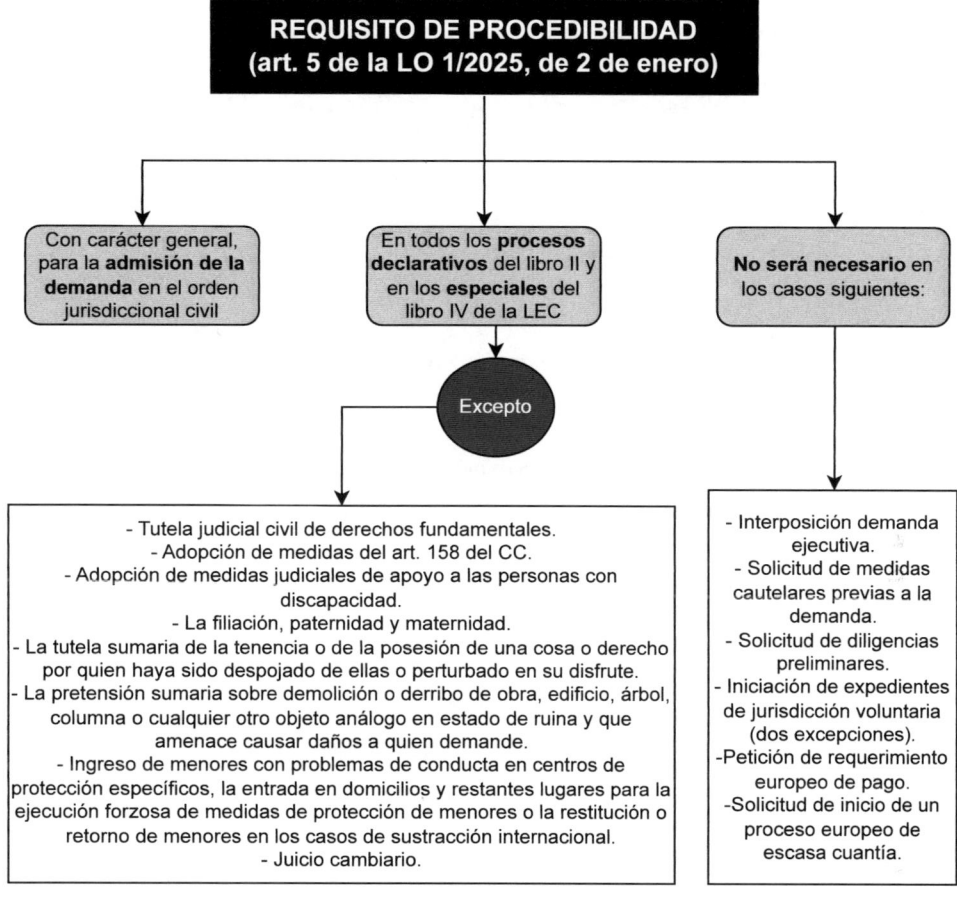

**REQUISITO DE PROCEDIBILIDAD
(art. 5 de la LO 1/2025, de 2 de enero)**

Con carácter general, para la **admisión de la demanda** en el orden jurisdiccional civil

En todos los **procesos declarativos** del libro II y en los **especiales** del libro IV de la LEC

No será necesario en los casos siguientes:

Excepto

- Tutela judicial civil de derechos fundamentales.
- Adopción de medidas del art. 158 del CC.
- Adopción de medidas judiciales de apoyo a las personas con discapacidad.
- La filiación, paternidad y maternidad.
- La tutela sumaria de la tenencia o de la posesión de una cosa o derecho por quien haya sido despojado de ellas o perturbado en su disfrute.
- La pretensión sumaria sobre demolición o derribo de obra, edificio, árbol, columna o cualquier otro objeto análogo en estado de ruina y que amenace causar daños a quien demande.
- Ingreso de menores con problemas de conducta en centros de protección específicos, la entrada en domicilios y restantes lugares para la ejecución forzosa de medidas de protección de menores o la restitución o retorno de menores en los casos de sustracción internacional.
- Juicio cambiario.

- Interposición demanda ejecutiva.
- Solicitud de medidas cautelares previas a la demanda.
- Solicitud de diligencias preliminares.
- Iniciación de expedientes de jurisdicción voluntaria (dos excepciones).
- Petición de requerimiento europeo de pago.
- Solicitud de inicio de un proceso europeo de escasa cuantía.

En cuanto a la **iniciativa** para acudir a los medios adecuados de solución de controversias ¿a **quién corresponderá**? Conforme al artículo 5.4 de la LO 1/2025, de 2 de enero, tal iniciativa puede proceder:

– De una de las partes.

– De ambas de común acuerdo.

– De una decisión judicial o del/de la LAJ de derivación de las partes a tales medios.

CUESTIÓN

¿Qué sucede si no existe acuerdo de las partes sobre cuál de los medios adecuados de solución de controversias utilizar?

En este caso, se utilizará aquel que se haya propuesto antes temporalmente.

Para terminar, en relación con el requisito de procedibilidad, cabe hacer mención especial al caso de los litigios en materia de consumo. A estos efectos señala la D.A. 7.ª de la LO 1/2025, de 2 de enero:

«*En los litigios en que se ejerciten **acciones individuales promovidas por consumidores o usuarios**, se entenderá cumplido el requisito de procedibilidad por la reclamación extrajudicial previa a la empresa o profesional con el que hubieran contratado, sin haber obtenido una respuesta en el plazo establecido por la legislación especial aplicable, o cuando la misma no sea satisfactoria, y sin perjuicio de que puedan acudir a cualquiera de los medios adecuados de solución de controversias, tanto los previstos en legislación especial en materia de consumo, como los generales previstos en la presente ley.*

*Se entenderá también **cumplido el requisito de procedibilidad** con la resolución de las reclamaciones presentadas por los usuarios de los servicios financieros ante el Banco de España, la Comisión Nacional del Mercado de Valores y la Dirección General de Seguros y Fondos de Pensiones en los términos establecidos por el artículo 30 de la Ley 44/2002, de 22 de noviembre, de Medidas de Reforma del Sistema Financiero, o por haber acudido a alguno de los procedimientos a que se refiere la Ley 7/2017, de 2 de noviembre, por la que se incorpora al ordenamiento jurídico español la Directiva 2013/11/UE, del Parlamento Europeo y del Consejo, de 21 de mayo de 2013, relativa a la resolución alternativa de litigios en materia de consumo, o los que pudieran haber sido establecidos en normativa sectorial en desarrollo de la misma*».

2.
ÁMBITO DE APLICACIÓN DE LOS MEDIOS ADECUADOS DE SOLUCIÓN DE CONTROVERSIAS EN VÍA NO JURISDICCIONAL

¿Cuál es el ámbito de aplicación de los medios adecuados de solución de controversias?

Los medios adecuados de solución de controversias **son de aplicación a los asuntos civiles y mercantiles, incluidos los conflictos transfronterizos.** En defecto de sometimiento expreso o tácito a lo previsto en el título II de la **LO 1/2025, de 2 de enero,** también podrán aplicarse estos medios si se cumple lo siguiente:

– Al menos una de las partes tenga su domicilio en España.

– La actividad negociadora se realice en territorio español.

CUESTIÓN

¿Qué se entiende por conflictos transfronterizos?

Se definen en el artículo 3 de la Ley 5/2012, de 6 de julio, de mediación en asuntos civiles y mercantiles, como aquellos conflictos en los que al menos una de las partes está domiciliada o reside habitualmente en un Estado distinto a aquel en que cualquiera de las otras partes a las que afecta estén domiciliadas cuando acuerden hacer uso de la mediación o sea obligatorio acudir a la misma de acuerdo con la ley aplicable. Asimismo, son conflictos transfronterizos aquellos previstos o resueltos por acuerdo de mediación, cualquiera que sea el lugar en el que se haya realizado, cuando, como consecuencia del traslado del domicilio de alguna de las partes, el pacto o algunas de sus consecuencias se pretendan ejecutar en el territorio de un Estado distinto.

No cabe acudir a los medios adecuados de solución de controversias en los casos siguientes (arts. 3 y 4 de la LO 1/2025, de 2 de enero):

– **Asuntos laborales y concursales:** en cuya normativa reguladora ya se prevén instrumentos en los que se materializan soluciones pactadas acomodadas a la naturaleza y peculiaridades de estas materias.

– **Asuntos penales**: aquí no rige el principio dispositivo, sin perjuicio del derecho de las víctimas a acceder a servicios de justicia restaurativa con la finalidad de obtener una adecuada reparación material y moral de los perjuicios derivados del delito cuando se cumplan los requisitos establecidos legalmente.

– **Asuntos de cualquier orden jurisdiccional en los que una de las partes sea una entidad perteneciente al sector público**: ello a la espera de la futura regulación de estos mismos medios adecuados de solución de controversias en el ámbito administrativo y en el orden jurisdiccional contencioso-administrativo, lo que requiere de un instrumento legislativo propio y diferenciado.

– Ni aun por derivación judicial, en el caso de conflictos que versen sobre **materias indisponibles para las partes**.

A TENER EN CUENTA. Pero ¿qué sucede con los efectos y medidas previstos en los artículos 102 y 103 del CC? En este caso, sí será posible acudir a los citados medios, sin perjuicio de la homologación judicial del acuerdo alcanzado.

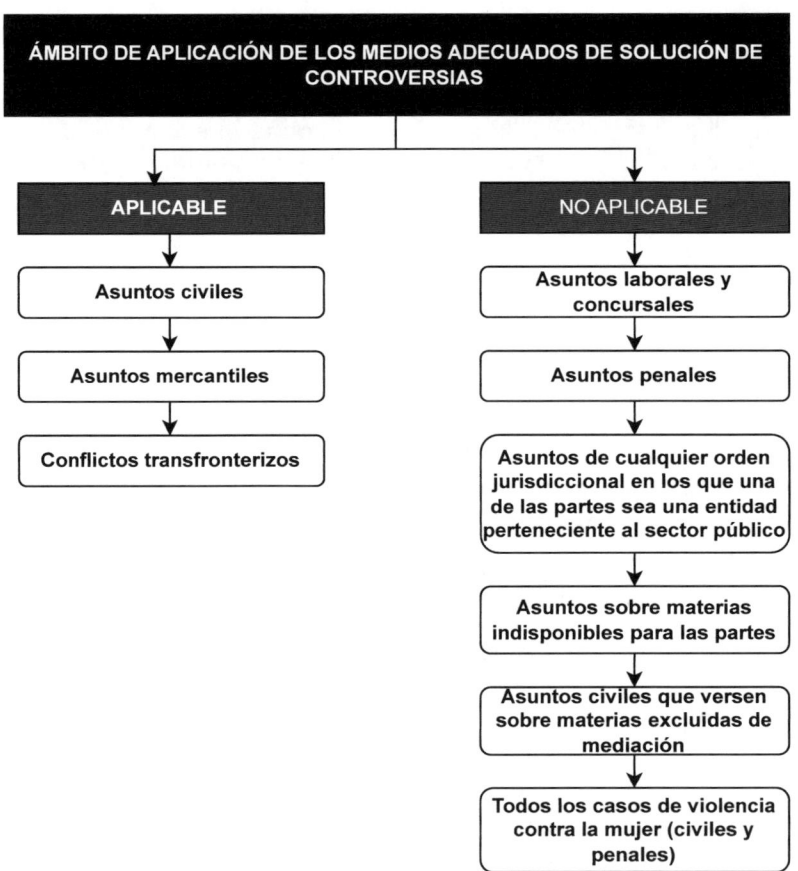

Además, si acudimos al **artículo 89 de la LOPJ, apartado 9**, encontramos **casos de violencia contra la mujer en los que siempre estarán vetados los medios adecuados de solución de controversias:**

- Los relativos al matrimonio y a su régimen económico matrimonial y los que tengan por objeto la adopción o modificación de medidas de trascendencia familiar y otras acciones derivadas de la crisis matrimonial o de la unión de hecho.

- Los que versen exclusivamente sobre guarda y custodia de hijos e hijas menores o sobre alimentos reclamados por un progenitor contra el otro en nombre de los hijos e hijas menores.

- Los relativos a modificación de medidas adoptadas en los procesos que versen sobre las materias previstas en las letras anteriores.

- Los que versen sobre maternidad, paternidad, filiación y adopción.

- Los relativos a las relaciones paternofiliales.

- Los relativos a la protección del menor, incluidas en los capítulos IV bis y V del título I del libro IV de la Ley 1/2000, de 7 de enero, de Enjuiciamiento Civil.

- Los expedientes de jurisdicción voluntaria en materia de personas y familia, con excepción de los regulados en los capítulos IX y X del título II de la Ley 15/2015, de 2 de julio, de Jurisdicción Voluntaria.

- Los que versen sobre los procedimientos de liquidación del régimen económico matrimonial instados por los herederos de la mujer víctima de violencia de género, así como los que se insten frente a estos herederos.

- Los que versen sobre el reconocimiento de eficacia civil de resoluciones o decisiones eclesiásticas en materia matrimonial.

- El reconocimiento y la ejecución de sentencias y resoluciones judiciales extranjeras civiles sobre menores y familia.

- Los procesos para la efectividad de los derechos reconocidos en el artículo 160 del Código Civil.

3.
LA ACTIVIDAD NEGOCIADORA EN LA SOLUCIÓN DE CONTROVERSIAS EN VÍA NO JURISDICCIONAL

¿Cuáles serán los aspectos procedimentales si se acude a los medios adecuados de solución de controversias?

Si se acude a los medios adecuados de solución de controversias cabe tener en cuenta los siguientes aspectos:

– En cuanto a la **iniciativa**, puede proceder de una de las partes, de ambas en común acuerdo o de una decisión judicial o del/de la letrado/a de la Administración de Justicia de derivación de las partes a los medios adecuados de solución de controversias.

– **Postulación**: el artículo 6 de la **LO 1/2025, de 2 de enero**, señala que las partes **podrán asistir** a cualquiera de los medios adecuados de solución de controversias **asistidas de abogado/a**. Hay que tener en cuenta al respecto, en el caso de que no sea preceptiva la asistencia letrada, que cuando cualquiera de las partes pretendiera servirse de ella, lo hará constar así en el **requerimiento** o en el **plazo de 3 días desde la fecha de recepción de la propuesta por la parte requerida**. En ambos casos, deberá comunicarse tal circunstancia a la otra parte para que pueda decidir valerse también de asistencia letrada en el plazo de los tres días siguientes a la recepción de la notificación.

> **CUESTIÓN**
>
> **¿En qué casos es necesaria la asistencia de letrado/a será?**
>
> Únicamente cuando se utilice como medio adecuado de solución de controversias la **formulación de una oferta vinculante**, excepto cuando la cuantía del asunto controvertido no supere los 2.000 euros o bien cuando una ley sectorial no exija la intervención de letrado/a para la aceptación de la oferta.

¿Qué efectos tiene la apertura y terminación del proceso de negociación?

La solicitud de una de las partes dirigida a la otra para iniciar un procedimiento de negociación a través de un medio adecuado de solución de controversias, en la que se defina adecuadamente el objeto de la negociación, **interrumpirá la prescripción o suspenderá la caducidad de acciones desde la fecha en la que conste el intento de comunicación de dicha solicitud** a la otra parte en el domicilio personal o lugar de trabajo que le conste a la persona solicitante, o bien a través del medio de comunicación electrónico empleado por las partes en sus relaciones previas.

> **CUESTIÓN**
>
> **¿Hasta cuándo se prorrogará la interrupción de la suspensión?**
>
> Hasta la fecha en la que se firme el acuerdo entre las partes, o bien, cuando el proceso de negociación haya terminado sin acuerdo.

El cómputo de los plazos **se reiniciará en de interrupción o reanudará en el caso de suspensión** respectivamente en el caso de que no se mantenga la primera reunión dirigida a alcanzar un acuerdo o no se obtenga respuesta por escrito en **el plazo de 30 días naturales** a contar desde la fecha de recepción de la solicitud de negociación por la parte a la que se dirige, o desde la fecha del intento de comunicación, si dicha recepción no se produce.

Asimismo, en el caso **de que alguna propuesta concreta de acuerdo no tenga respuesta por la contraparte en el plazo de 30 días naturales** desde la fecha de recepción, **se reiniciará o reanudará respectivamente el cómputo de plazos.**

¿Podrá **intervenir en la negociación un tercero neutral?** Sí, y de acuerdo con el art. 7 de la **LO 1/2025, de 2 de enero**, se deberán seguir las siguientes reglas:

– En el caso de intervenir una persona mediadora, se estará a lo dispuesto a lo establecido para los efectos de la mediación sobre plazos de prescripción y caducidad contemplados en el artículo 4 de la **Ley 5/2012, de 6 de julio**, de mediación en asuntos civiles y mercantiles.

– En el caso de intervenir una persona conciliadora, la solicitud de inicio de la conciliación interrumpirá la prescripción o suspenderá la caducidad de acciones desde la fecha en la que conste la recepción de dicha solicitud por la persona conciliadora, reiniciándose o reanudándose, respectivamente, el cómputo de los plazos en el caso de que en el plazo de quince días naturales desde la fecha de la recepción de la solicitud por la persona conciliadora no se hubiese intentado por esta la comunicación con la otra parte, así como en el caso de que en el plazo de quince días naturales desde la recepción de la propuesta por la parte a la que se dirige la solicitud de conciliación, o desde la fecha de intento de la comunicación si dicha recepción no se produce, no se mantenga la primera reunión dirigida a alcanzar un acuerdo o no se obtenga respuesta por escrito.

En caso de que se abra la conciliación, la interrupción o la suspensión se prolongará hasta la fecha de la firma del acuerdo o cuando se produzca la terminación de la conciliación.

– En el caso de intervenir una persona experta independiente, se interrumpirá la prescripción o suspenderá la caducidad de acciones desde la fecha de la designación de mutuo acuerdo de la persona experta, reiniciándose o reanudándose respectivamente el cómputo de los plazos a partir de la fecha de aceptación del acuerdo final por todas las partes o de emisión de la certificación prevista en el artículo 18.5. de la LO 1/2025, de 2 de enero.

– En el caso de intervenir un letrado o letrada de la Administración de Justicia, se estará a lo dispuesto por la Ley 15/2015, de 2 de julio, de la Jurisdicción Voluntaria, respecto a la suspensión de la caducidad y la interrupción de la prescripción, que se aplicará supletoriamente en los casos de intervención como conciliador de un notario o notaria, registrador o registradora.

> **CUESTIÓN**
>
> **¿Qué plazo habrá cuando la solicitud inicial de negociación no tenga respuesta o el proceso negociador finalice sin acuerdo?**
>
> Las partes deberán formular la demanda en el plazo de 1 año a contar, respectivamente, desde la fecha de recepción de la solicitud de negociación por la parte a la que se haya dirigido la misma o, en su caso, desde la fecha de terminación del proceso de negociación sin acuerdo, para que pueda entenderse cumplido el requisito de procedibilidad

Para el caso de que se hubieran **acordado medidas cautelares durante la tramitación del proceso** negociador, las partes deberán presentar la demanda ante el mismo tribunal que conoció de aquellas en los 20 días siguientes desde la terminación del proceso negociador sin acuerdo, o bien, desde la fecha en que deba entenderse finalizado el proceso de negociación sin acuerdo conforme a esta ley

Pero **¿qué ocurrirá si se acuerdan medidas cautelares antes del inicio del proceso negociador?** El plazo de 20 días para presentar la demanda se suspenderá y reanudará, respectivamente del siguiente modo:

> «(...) la caducidad de acciones desde la fecha en la que conste el intento de comunicación de dicha solicitud a la otra parte en el domicilio personal o lugar de trabajo que le conste a la persona solicitante, o bien a través del medio de comunicación electrónico empleado por las partes en sus relaciones previas.
>
> La interrupción o la suspensión se prolongará hasta la fecha de la firma del acuerdo o de la terminación del proceso de negociación sin acuerdo.
>
> El cómputo de los plazos se reiniciará o reanudará respectivamente en el caso de que no se mantenga la primera reunión dirigida a alcanzar un acuerdo o no se obtenga respuesta por escrito en el plazo de treinta días naturales a contar desde la fecha de recepción de la solicitud de negociación por la parte a la que se dirige, o desde la fecha del intento de comunicación, si dicha recepción no se produce.
>
> En el caso de que alguna propuesta concreta de acuerdo no tenga respuesta por la contraparte en el plazo de treinta días naturales desde la fecha de recepción, se reiniciará o reanudará respectivamente el cómputo de plazos».

Por último, señalar que, **en caso de iniciarse un proceso judicial con el mismo objeto que el de la previa actividad negociadora intentada sin acuerdo**, los tribunales deberán tener en consideración la colaboración de las partes respecto a la solución consensuada y el eventual abuso del servicio público de Justicia al pronunciarse sobre las costas o en su tasación, y asimismo para la imposición de multas o sanciones previstas, todo ello en los términos establecidos en la LEC.

Actuaciones desarrolladas telemáticamente

De acuerdo con el art. 8 de la **LO 1/2025, de 2 de enero, las partes podrán acordar que todas o alguna de las actuaciones de negociación en el marco de un medio adecuado de solución de controversias,** se lleven a cabo por medios telemáticos, por videoconferencia u otro medio análogo de transmisión de la voz o la imagen, siempre que quede garantizada la identidad de los intervinientes y el respeto a las normas previstas en este título y, en su caso, a la normativa de desarrollo específicamente contemplada para la mediación.

A TENER EN CUENTA. Cuando el objeto de controversia sea una reclamación de cantidad que no exceda de 600 euros se desarrollará preferentemente por medios telemáticos, salvo que el empleo de éstos no sea posible para alguna de las partes.

Confidencialidad y protección de datos

El proceso de negociación y la documentación utilizada en el mismo son confidenciales, **excepto:**

- La información relativa a si las partes acudieron o no al intento de negociación previa.
- El objeto de la controversia.

Asimismo, la **obligación de confidencialidad** se extiende a:

- Las partes.
- Los abogados o abogadas intervinientes.
- En su caso, a la tercera persona neutral que intervenga.

Todos ellos y ellas quedarán sujetos/as al deber y derecho de secreto profesional, de modo que ninguno ni ninguna de ellos o ellas podrá revelar la información que hubieran podido obtener derivada del proceso de negociación.

Las partes, los abogados o abogadas y la tercera persona neutral no podrán declarar o aportar documentación derivada del proceso de negociación o relacionada con el mismo ni ser obligados a ello en un procedimiento judicial o en un arbitraje, con las siguientes **excepciones:**

- Cuando todas las partes de manera expresa y por escrito se hayan dispensado recíprocamente o al abogado o abogada o a la tercera persona neutral del deber de confidencialidad.

- Cuando se esté tramitando la impugnación de la tasación de costas y solicitud de exoneración o moderación de las mismas según lo previsto en el artículo 245 de la LEC y a esos únicos fines, sin que pueda utilizarse para otros diferentes ni en procesos posteriores.

- Cuando, mediante resolución judicial motivada, sea solicitada por los jueces y juezas del orden jurisdiccional penal.

- Cuando sea necesario por razones de orden público, en particular cuando así lo requiera la protección del interés superior del menor o la prevención de daños a la integridad física o psicológica de una persona.

Por lo tanto, salvo las excepciones anteriormente mencionadas, en caso de que se pretendiese por alguna de las partes la aportación como prueba en el proceso de la información confidencial, no será admitida por los tribunales por aplicación de lo dispuesto en el artículo 283 de la LEC, en su apartado 3: «Nunca se admitirá como prueba cualquier actividad prohibida por la ley».

Pero ¿qué **ocurrirá en el caso de que se revele información o se aporte documentación en infracción de todo lo dispuesto anteriormente?** La autoridad judicial la inadmitirá y dispondrá que no se incorpore al expediente, sin perjuicio, además, de la responsabilidad que dicha infracción genere en los términos previstos en el ordenamiento jurídico.

> **A TENER EN CUENTA.** Los tratamientos de datos de carácter personal de las personas físicas se realizarán con estricta sujeción a lo dispuesto en el Reglamento (UE) 2016/679 del Parlamento Europeo y del Consejo, de 27 de abril de 2016, relativo a la protección de las personas físicas en lo que respecta al tratamiento de datos personales y a la libre circulación de estos datos y por el que se deroga la Directiva 95/46/CE (RGPD), y en la Ley Orgánica 3/2018, de 5 de diciembre, de Protección de Datos Personales y garantía de los derechos digitales (LOPDGDD).

¿De qué modo se acreditará el intento de negociación?

A los efectos de acreditar que se ha intentado una actividad negociadora previa y cumplir el requisito de procedibilidad, dicha actividad negociadora o el intento de la misma **deberá ser recogida documentalmente**.

En los casos en los que no haya intervenido una tercera persona neutral, la acreditación se cumplirá mediante:

- **Cualquier documento firmado por ambas partes** en el que se deje constancia de la identidad de las mismas y, en su caso, de las personas profesionales o expertas que hayan participado asesorándolas.

- La **fecha** de la negociación.

- El **objeto** de la controversia.

- La **fecha de la reunión o reuniones** mantenidas, en su caso.

- La **declaración responsable** de que las dos partes han intervenido de buena fe en el proceso. En su defecto, podrá acreditarse el intento de negociación mediante cualquier documento que pruebe que la otra parte ha recibido la solicitud o invitación para negociar o, en su caso, la propuesta, en qué fecha, y que ha podido acceder a su contenido íntegro.

En el caso de que haya intervenido una tercera persona neutral gestionado la actividad negociadora, esta deberá expedir, a petición de cualquiera de las partes, un documento en que deberá hacer constar los siguiente:

- La **identidad del tercero**, su cualificación, colegio profesional, institución a la que pertenece o registro en el que esté inscrito.
- La **identidad de las partes**.
- El **objeto de la controversia**.
- La **fecha de la reunión o reuniones** mantenidas.
- La **declaración solemne de que las dos partes han intervenido de buena fe en el proceso**, para que surta efectos ante la autoridad judicial correspondiente.

En caso de que alguna de las partes no hubiese comparecido o hubiese rehusado la invitación a participar en la actividad negociadora, se consignará dicha circunstancia y, en su caso, la forma en la que se ha realizado la citación efectiva, la justificación de haber sido realizada, y la fecha de recepción de la misma.

¿Cuándo se entenderá que el proceso ha terminado sin acuerdo?

- Si transcurrieran **30 días naturales a contar desde la fecha de recepción de la solicitud inicial** de negociación por la otra parte y no se mantuviera la primera reunión o contacto dirigido a alcanzar un acuerdo o no se obtenga respuesta por escrito.
- Si, **una vez iniciada la actividad negociadora, transcurrieran 30 días desde que una de las partes haga una propuesta concreta** de acuerdo a la otra, sin que se alcance acuerdo ni se obtenga respuesta por escrito. El plazo de 30 días comenzará a contar desde la fecha de recepción de la propuesta concreta de acuerdo.
- Si **transcurrieran 3 meses desde la fecha de celebración de la primera reunión** sin que se hubiera alcanzado un acuerdo. No obstante lo anterior, las partes tienen derecho a continuar de mutuo acuerdo con la actividad negociadora más allá de dicho plazo.
- Si **cualquiera de las partes se dirige por escrito a la otra dando por terminadas las negociaciones**, quedando constancia del intento de comunicación de ser esa su voluntad.

¿Qué honorarios recibirán los o las profesionales que intervienen en un proceso negociador?

Conforme así lo dispone el art. 11 de la LO 1/2025, de 2 de enero, cuando las partes acudan al proceso negociador asistidas por sus abogados o abogadas habrán de abonar los respectivos honorarios, salvo que se tenga derecho al beneficio de justicia gratuita.

Se **asegurará la existencia de mecanismos públicos para la solución de conflictos de acceso gratuito para las partes**. Si las partes deciden optar por otros mecanismos en el caso de que intervenga una tercera persona neutral, sus honorarios profesionales serán objeto de acuerdo previo con las partes intervinientes.

Si la parte invitada a participar en el proceso negociador no acepta la intervención de la tercera persona neutral propuesta unilateralmente por la otra parte, deberá esta abonar íntegramente, de haberlos, los honorarios devengados hasta ese momento por la tercera persona neutral.

¿Cómo se llevará a cabo la formalización del acuerdo?

De acuerdo con lo establecido en el artículo 12 de la LO 1/2025, de 2 de enero, en el documento que se recoja el acuerdo se deberán hacer constar los siguientes datos:

- **Identidad y el domicilio de las partes** y, en su caso, la identidad de sus abogadas y abogados y de la tercera persona neutral que haya intervenido.
- El **lugar y fecha** en que se suscribe.
- Las **obligaciones** que cada parte asume.
- Que se ha **seguido un procedimiento de negociación ajustado a las previsiones de la LO 1/2025, de 2 de enero.**

Asimismo, **el acuerdo deberá firmarse por las partes** y, en su caso, por sus representantes, y cada una de ellas tendrá derecho a obtener una copia. Si interviene una tercera persona neutral esta entregará un ejemplar a cada una de las partes y deberá reservarse otro ejemplar para su conservación.

CUESTIONES

1. ¿Se podrá elevar a escritura pública el acuerdo alcanzado en la negociación?

Sí, siempre y cuando las partes se obliguen recíprocamente. Si bien, de no atender la parte requerida la solicitud de elevación del acuerdo alcanzado a escritura pública podrá otorgarse unilateralmente por la parte solicitante, debiendo hacerse la solicitud por medio del notario autorizante del instrumento público y dejar constancia en él. Además, no será necesaria la presencia del tercero neutral en el acto de otorgamiento de la escritura.

Para llevar a cabo la elevación a escritura pública del acuerdo, el notario verificará el cumplimiento de los requisitos exigidos en esta ley y que su contenido no es contrario a Derecho.

2. ¿Quién se hará cargo de los gastos de otorgamiento de escrituras en caso de elevar el acuerdo a escritura pública?

Se abonarán según lo acordado por las partes. En defecto de acuerdo, serán pagados por la parte que solicite la elevación a escritura pública, sin perjuicio de la repercusión como costas que, en su caso, pudiera producirse en el proceso de ejecución de conformidad con lo establecido en la LEC, teniendo la consideración de derechos arancelarios.

Por otro lado, **cuando el acuerdo haya de ejecutarse en otro Estado**, además de la elevación a escritura pública será necesario el cumplimiento de los requisitos que, en su caso, puedan exigir los convenios internacionales en que España sea parte y las normas de la Unión Europea.

A TENER EN CUENTA. Cuando así lo exija la ley o el acuerdo se hubiere alcanzado en un proceso de negociación al que se hubiera derivado por el tribunal en el seno del proceso judicial, las partes podrán solicitar del tribunal su homologación.

Validez y eficacia del acuerdo

En primer lugar, cabe destacar que, el acuerdo obtenido en una actividad de negociación **puede versar sobre una parte o sobre la totalidad de las materias sometidas a negociación**. (Art. 13 de la LO 1/2025, de 2 de enero).

Además, **el acuerdo alcanzado será vinculante para las partes, que no podrán presentar demanda con igual objeto. Pero** ¿existe **alguna acción que se pueda ejercitar contra el acuerdo?** Sí, solo podrá ejercitarse la acción de nulidad por las causas que invalidan los contratos, sin perjuicio de la oposición que pueda plantearse, en su caso, en el proceso de ejecución.

Por último, señalar que **para que tenga valor de título ejecutivo el acuerdo habrá de ser elevado a escritura pública, o ser homologado judicialmente** cuando proceda, o bien constar en la certificación a que se refiere el artículo 103 bis de la Ley Hipotecaria si es consecuencia de una conciliación registral.

4.
MODALIDADES DE NEGOCIACIÓN PREVIA A LA VÍA JURISDICCIONAL

¿Cuáles son las modalidades de negociación previa a la vía jurisdiccional?

La LO 1/2025, de 2 de enero, regula —artículos 14 a 19— las **diferentes modalidades de negociación previa a la vía jurisdiccional**. Así, alude, a los efectos de cumplir el requisito de procedibilidad, a lo siguiente (art. 14 de la LO 1/2025, de 2 de enero):

- Las **modalidades de negociación previa** previstas en la LO 1/2025, de 2 de enero, **¿cuáles son?**
  - Conciliación privada.
  - Oferta vinculante confidencial.
  - Opinión de persona experta independiente.
  - Proceso de derecho colaborativo.
- La **mediación** de la Ley 5/2012, de 6 de julio, de mediación en asuntos civiles y mercantiles.
- Cualquier **otro medio adecuado de solución de controversias previsto en otras normas,** con referencia expresa:
  - A la conciliación ante notario (arts. 81 a 83 de la Ley del Notariado, de 28 de mayo de 1862).
  - A la conciliación ante el registrador (art. 103 bis de la Ley Hipotecaria).
  - A la conciliación ante el/la LAJ (arts. 139 a 148 de la Ley de Jurisdicción Voluntaria).
  - A la conciliación ante el juez o la jueza de paz (art. 47.2 de la LEC, en relación con los arts. 139 a 148 de la Ley de Jurisdicción Voluntaria).

> **A TENER EN CUENTA.** En relación con los distintos medios adecuados de solución de controversias, la LO 1/2025, de 2 de enero, introduce en la LEC una nueva disposición adicional 12.ª conforme a la cual «todas las referencias que en la presente ley se realizan a la mediación han de entenderse referidas también a cualquier otro de los medios adecuados de solución de controversias previstos por la Ley Orgánica de medidas en materia de eficiencia del Servicio Público de Justicia».

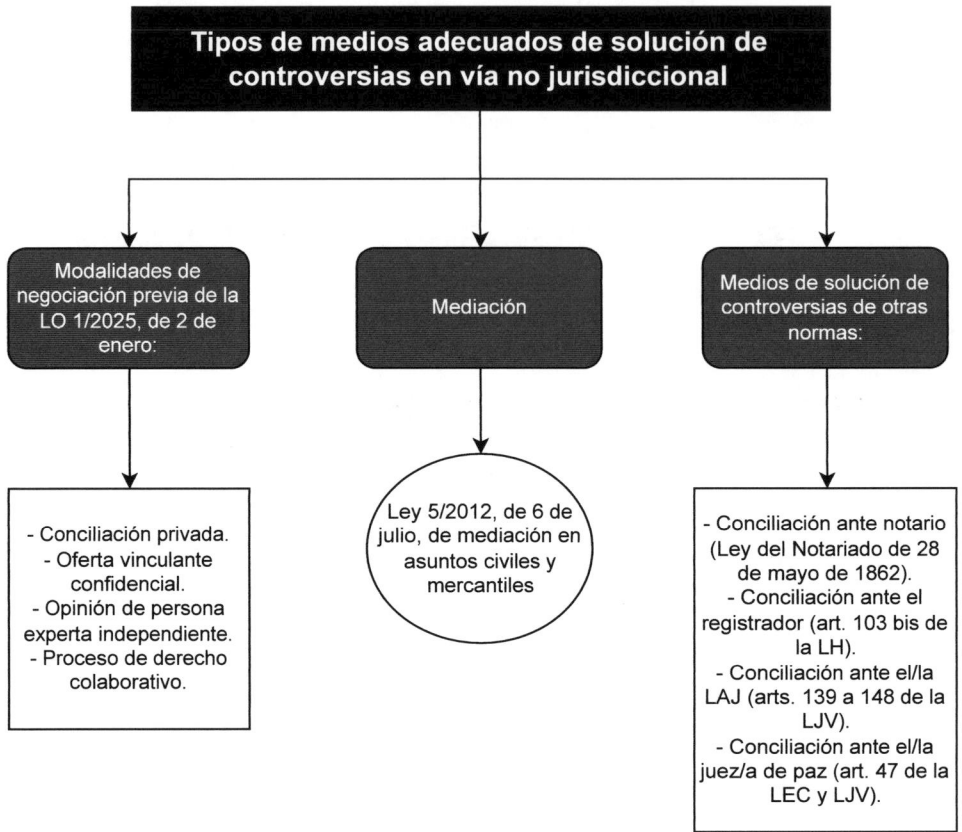

4.1. Conciliación privada

La conciliación privada (arts. 15 y 16 de la LO 1/2025, de 2 de enero)

Señala el apartado 1 del artículo 15 de la LO 1/2025, de 2 de enero, que «toda persona física o jurídica que se proponga ejercitar las acciones legales que le corresponden en defensa de un derecho, puede **requerir a una persona con conocimientos técnicos o jurídicos** relacionados con la materia de que se trate, para que **gestione una actividad negociadora tendente a alcanzar un acuerdo conciliatorio con la parte a la que se pretenda demandar**».

La persona requerida para gestionar la actividad negociadora en los términos anteriores se conoce como «persona **conciliadora**», a la cual se le hará el encargo profesional oportuno bien por una sola de las partes o bien por ambas partes de mutuo acuerdo. En cualquier caso, respecto del **contenido del encargo** cabe señalar:

- El mismo ha de expresar de forma **sucinta, pero con claridad**:
  - El contenido de la discrepancia objeto de conciliación.
  - La identidad y circunstancias de la otra u otras partes.
- A efectos de **comunicación** entre las partes y la persona conciliadora, deberá indicar de forma específica el teléfono, el correo electrónico a efectos de citaciones y, en su caso, el medio del que se dispone para la realización de los encuentros virtuales mediante videoconferencia.

¿Qué requisitos ha de reunir una persona para intervenir como persona conciliadora? Los siguientes:

- Estar inscrita como ejerciente en un colegio profesional reconocido legalmente (abogacía, procura, graduados sociales, economistas, notariado, registradores de la propiedad...) o estar inscrita en los registros correspondientes como persona mediadora o pertenecer a instituciones de mediación debidamente homologadas.
- Ser imparcial y guardar los deberes de confidencialidad y secreto profesional.

CUESTIÓN

¿Qué sucede en el caso de que la persona conciliadora sea una sociedad profesional?

Para que una sociedad profesional intervenga como persona conciliadora, además de los requisitos señalados, debe cumplir los requisitos previstos en la Ley 2/2007, de 15 de marzo, de sociedades profesionales, y estar inscrita en el Registro de Sociedades Profesionales del colegio profesional que corresponda a su domicilio.

Asimismo, hay que destacar que la persona conciliadora está sujeta a las **responsabilidades** que deriven del ejercicio inadecuado de su función, y, en consonancia con ello, debe **aceptar de forma expresamente documentada la responsabilidad de la gestión leal, objetiva, neutral e imparcial del encargo recibido**.

Entonces **¿cuáles serán las funciones de la persona conciliadora?** Se concretan en el artículo 16 de la LO 1/2025, de 2 de enero, y son:

- Realizar una **sesión inicial informativa**: en ella indicará a las partes las posibles causas que puedan afectar a su imparcialidad, les informará de su profesión, formación y experiencia; así como de las características de la conciliación, su coste, la organización del procedimiento y las consecuencias jurídicas del acuerdo que se pudiera alcanzar.
- **Gestionar la recepción de la solicitud, la invitación a la otra parte, o la citación** para las reuniones —presenciales o virtuales— por sí misma, o por las personas que le auxilien y le den soporte administrativo.
- **Documentar un acta de inicio de la conciliación,** firmada por todas las partes, delimitando el objeto de la controversia, los honorarios y si

las partes van a comparecer por sí mismas o asistidas de letrado/a o representante legal.

– **Presidir las reuniones de las partes y dirigir todos los trámites del proceso de conciliación**, bien sea personalmente o por medio de instrumentos telemáticos.

– **Dar la palabra** de forma ordenada y equitativa a cada una de las partes, pudiendo realizar las sesiones conjuntas o individuales que estime pertinentes.

– **Poner de manifiesto a las partes** las dimensiones extrajurídicas de la controversia y las ventajas que pueden obtenerse si se alcanza un acuerdo razonable.

– **Formular** directamente a las partes **posibles soluciones e invitarlas** a que formulen posibles **propuestas de solución** que construyan un eficaz acuerdo común.

– En el caso de que exista acuerdo total o parcial de las partes en el desarrollo del proceso de conciliación, **requerir a los/las abogados/as de las partes**, si estuviesen participando en el proceso, para que **supervisen el acuerdo**.

– **Elaborar un acta final** en el que se recoja la propuesta sobre la que existe acuerdo total o parcial y firmar en su calidad de persona conciliadora dicho acuerdo junto con las partes y sus abogados/as o representantes legales si estuviesen participando en el proceso.

– En caso de **desacuerdo**, emitir una certificación acreditativa de que se ha intentado sin efecto la conciliación.

– Si la **parte requerida ha rehusado participar** en el proceso conciliador, hacerlo constar en el **certificado** que emita.

4.2. Oferta vinculante confidencial

Oferta vinculante confidencial (art. 17 de la LO 1/2025, de 2 de enero)

Con el ánimo de solucionar una controversia se prevé la posibilidad de que cualquier persona formule una **oferta vinculante confidencial a la otra parte. ¿Qué sucede si esta acepta expresamente la oferta formulada?** En ese caso, la persona que formula la oferta quedará obligada a cumplir la obligación que asume. La aceptación expresa de la oferta será **irrevocable**.

En la utilización de este medio adecuado de solución de controversias **será preceptiva la asistencia letrada** a las partes, **salvo** (art. 6.2 de la LO 1/2025, de 2 de enero):

– Si la cuantía del asunto controvertido **no supera los 2.000 euros**.

- Si una **ley sectorial no exige** la intervención de letrado/a para realizar o aceptar la oferta.

A TENER EN CUENTA. La oferta vinculante será confidencial en todo caso, a cuyo efecto se le aplicará lo previsto en el artículo 9 de la LO 1/2025, de 2 de enero.

¿Cómo se remitirá la oferta y, en su caso, la aceptación? Su remisión ha de permitir dejar constancia:

- De la identidad del oferente.
- De su recepción efectiva por la otra parte.
- De la fecha de la recepción.
- De su contenido.

Rechaza la oferta o no aceptada de forma expresa y en plazo por la otra parte ¿qué **sucederá?** La oferta vinculante **decaerá** y la parte requirente podrá ejercitar la acción oportuna ante el tribunal competente, entendiéndose cumplido el requisito de procedibilidad. A estos efectos será suficiente acreditar la remisión de la oferta a la otra parte por manifestación expresa en el escrito de demanda o en su contestación, a cuyo documento procesal se ha de acompañar el justificante de haberla enviado y de que la misma ha sido recibida por la parte requerida, sin que pueda hacerse mención al contenido.

CUESTIÓN

¿Cuál es el plazo para aceptar expresamente la oferta vinculante por la otra parte?

El artículo 17.4 de la LO 1/2025, de 2 de enero, señala el plazo de un mes o cualquier otro plazo mayor que señale la parte requirente.

4.3. Opinión de persona experta independiente

Opinión de persona experta independiente (art. 18 de la LO 1/2025, de 2 de enero)

Otra de las posibilidades que prevé la LO 1/2025, de 2 de enero, a los efectos de resolver una controversia, es la de que las partes designen de **mutuo acuerdo a una persona experta independiente** para que emita una **opinión no vinculante** respecto a la materia objeto de conflicto.

Respecto de la **persona experta** cabe señalar:

- Debe recibir de las partes toda la información y pruebas de que dispongan sobre el objeto controvertido.

- Debe acreditar que posee los títulos oficiales que garanticen los conocimientos técnicos sobre la materia objeto de su informe.

- Su actuación debe ser diligente y ajustarse a los estándares propios de la actuación profesional que haya sido encomendada.

- Al tiempo de emitir su informe, debe manifestar, bajo juramento o promesa de decir verdad, que ha actuado y, en su caso, actuará con la mayor objetividad posible, tomando en consideración tanto lo que pueda favorecer como lo que sea susceptible de causar perjuicio a cualquiera de las partes.

En cuanto al **dictamen de la persona experta independiente**, sus aspectos más relevantes son los siguientes:

- **Contenido**: puede recaer sobre cuestiones jurídicas o sobre cualquier aspecto técnico relacionado con la capacitación profesional del experto.

- Tendrá carácter **confidencial**, tanto si se emite antes como durante un proceso judicial.

- **Emitido** el dictamen o la opinión no vinculante: las partes tienen **10 días hábiles** desde que se les comunique para hacer recomendaciones, observaciones o propuestas de mejora con el fin de aceptar la opinión escrita propuesta por la persona experta.

- **Conclusiones** del dictamen:

  • **Aceptadas por todas las partes**, se formalizará el **acuerdo** conforme al artículo 12 de la LO 1/2025, de 2 de enero, el cual será vinculante para las partes (art. 13 de la LO 1/2025, de 2 de enero).

  • **No se aceptan por alguna de las partes o por ninguna de ellas**: la persona experta designada extenderá **certificación de haberse intentado** la vía negociadora sin acuerdo a los efectos de tener por cumplido el requisito de procedibilidad.

4.4. Proceso de derecho colaborativo

Proceso de derecho colaborativo (art. 19 de la LO 1/2025, de 2 de enero)

Las partes podrán acudir a este tipo de proceso por medio del cual «acompañadas y asesoradas cada una de ellas por una o un **profesional de la abogacía ejerciente y con colegiación** en un Colegio de la Abogacía, acreditado en Derecho colaborativo, y con la intervención, en su caso, de **terceras personas neutrales expertas en las diferentes materias sobre las que verse la controversia o facilitadoras de la comunicación**, buscarán la **solución consensuada, total o parcial**, a su controversia».

¿Cuáles son los principios del proceso colaborativo? Cabe señalar los siguientes:

- La buena fe.
- La negociación sobre intereses.
- La transparencia.
- La confidencialidad.
- El trabajo en equipo entre las partes, los/las abogados/as y las terceras personas expertas neutrales que participasen en el proceso.
- La renuncia a tribunales por parte de los/las profesionales de la abogacía que hayan intervenido en el proceso, si no se llega a una solución, total o parcial, de la controversia.

Terminado el proceso colaborativo, **los/las profesionales de la abogacía** que hayan intervenido redactarán un **acta final** en la que constará:

- Las partes y profesionales intervinientes.
- Las sesiones celebradas.
- Los acuerdos adoptados.
- Las cuestiones sobre las que no se haya alcanzado acuerdo.

4.5. Otras modalidades negociadoras: conciliación ante notario, registrador, LAJ y juez o jueza de paz

Otros medios adecuados de solución de controversias

Además de los medios adecuados de solución de controversias ya analizados, la LO 1/2025, de 2 de enero, hace referencia —artículo 14, apartado 1— en el mismo sentido, a la mediación de la Ley 5/2012, de 6 de julio, y a los medios de solución de controversias previstos en otras leyes. A continuación, se sintetizan los aspectos más relevantes de estos últimos atendiendo a la regulación específica de los mismos.

|| Conciliación ante notario

Se regula este tipo de conciliación en los artículos 81 a 83 de la Ley del Notariado, de 28 de mayo de 1862.

Esta posibilidad permite acudir ante notario/a con la finalidad de alcanzar un acuerdo extrajudicial para realizar la conciliación de los distintos intereses de los otorgantes.

¿**En qué casos puede acudirse a esta conciliación?** En relación con cualquier controversia contractual, mercantil, sucesoria o familiar. Se exceptúan las controversias que recaigan sobre materias indisponibles y las cuestiones previstas en la Ley Concursal.

CUESTIÓN

A efectos de conciliación ante notario/a ¿qué materias son indisponibles?

Conforme al artículo 81.2 de la Ley del Notariado, de 28 de mayo de 1862, cabe señalar como materias indisponibles las siguientes:

– Las cuestiones en las que se encuentren interesados los menores.

– Las cuestiones en las que estén interesados el Estado, las comunidades autónomas y las demás Administraciones públicas, corporaciones o instituciones de igual naturaleza.

– Los juicios sobre responsabilidad civil contra jueces, juezas y magistrados/as.

– En general, los acuerdos que se pretendan sobre materias no susceptibles de transacción ni compromiso.

La escritura pública notarial formalizada en estos casos, bien en caso de avenencia, bien en caso de haberla intentado sin efecto, debe someterse a los requisitos de autorización previstos en la legislación notarial. En cuanto a la **eficacia de la escritura pública**:

– Gozará de la eficacia de un instrumento público con carácter general.

– Estará dotada de eficacia ejecutiva conforme al artículo 517.2.9.º de la LEC

A TENER EN CUENTA. El artículo 517.2 de la LEC, números 2.º, 4.º, 5.º y 7.º, han sido modificados por la LO 1/2025, de 2 de enero, en vigor a partir del 3 de abril de 2025.

La ejecución se verificará conforme a lo previsto para los títulos ejecutivos extrajudiciales.

Cualquiera de las partes podrá solicitar del/de la notario/a copia autorizada dotada de carácter ejecutivo en tanto no conste en la matriz nota relativa a la modificación de su contenido o su ejecución.

|| Conciliación ante el registrador

El artículo 103 bis de la Ley Hipotecaria prevé la competencia de los registradores para conocer de los actos de conciliación sobre cualquier **controversia inmobiliaria, urbanística y mercantil o que verse sobre hechos o actos inscribibles en el Registro de la Propiedad, Mercantil u otro registro público** que sean de su competencia, con la finalidad de alcanzar un acuerdo extrajudicial. Se exceptúan, al igual que en el caso anterior, las controversias sobre materias indisponibles y las cuestiones previstas en la Ley Concursal.

La conciliación por las controversias mencionadas podrá también celebrarse, a elección de las personas interesadas, ante notario/a o letrado/a de la Administración de justicia.

Una vez celebrado el acto de conciliación, el registrador certificará la avenencia entre las personas interesadas o, en su caso, que la misma se intentó sin efecto. La certificación estará dotada de eficacia ejecutiva conforme al artículo 517.2.9.º de la LEC. La ejecución se ajustará a lo previsto para los títulos ejecutivos extrajudiciales.

> **A TENER EN CUENTA.** El artículo 103 bis, apartado 2, de la Ley Hipotecaria, ha sido modificado por la LO 1/2025, de 2 de enero, en vigor a partir del 3 de abril de 2025.

‖ Conciliación ante el/la LAJ

Se regula en el título IX de la Ley de Jurisdicción Voluntaria, **artículos 139 a 148.**

a) Ámbito de aplicación

La **finalidad** de esta conciliación es **alcanzar un acuerdo con el fin de evitar un pleito,** ¿qué **sucede si se usa para un fin distinto?** En este caso si, además supone un manifiesto abuso de derecho o entraña fraude de ley o procesal tendrá como consecuencia la inadmisión de plano de la petición.

Se excluyen de esta conciliación:

- Los juicios en que estén interesados los menores y las personas con discapacidad con medidas de apoyo para el ejercicio de su capacidad jurídica.
- Los juicios en que estén interesados el Estado, las comunidades autónomas y las demás Administraciones públicas, corporaciones o instituciones de igual naturaleza.
- El proceso de reclamación de responsabilidad civil contra jueces, juezas y magistrados/as.
- En general, los que se promuevan sobre materias no susceptibles de transacción ni compromiso.

b) Competencia

Corresponde al **juez o a la jueza de paz o al LAJ de la sección de lo civil o de la sección de lo mercantil,** en caso de materias de su competencia, del tribunal de instancia del **domicilio del requerido,** o si no lo tiene en territorio nacional, el de su última **residencia en España.**

> **A TENER EN CUENTA.** El artículo 140 de la Ley de Jurisdicción Voluntaria hace alusión al LAJ del juzgado de primera instancia o del juzgado de lo mercantil, si bien tras la reforma de la LOPJ operada por la LO 1/2025, de 2 de enero, en vigor en este punto desde el 23/01/2025, se crean los llamados tribunales de instancia integrados por distintas secciones que vienen a sustituir a los juzgados unipersonales anteriores. En este sentido, hay que traer a colación la D.A. 1.ª de la LO 1/2025, de 2 de enero, conforme a la cual «(...) Las referencias realizadas (...) a los Juzgados de Primera Instancia, de lo Mercantil, (...) se entenderán referidas a las Secciones del orden jurisdiccional correspondiente de los Tribunales de

Instancia (...)». Asimismo, la D.T. 1.ª de la citada ley señala como fecha de transformación de los juzgados en las secciones correspondientes las siguientes:

- 1 de octubre de 2025, respecto de la transformación de los juzgados de primera instancia en secciones civiles, en aquellos partidos donde no exista otro tipo de juzgados.

- 31 de diciembre de 2025, respecto de la transformación de los juzgados de lo mercantil en secciones de lo mercantil y demás juzgados.

Reglas especiales respecto de la competencia:

– La cuantía de la petición es **inferior a 6.000 euros y no** es una cuestión competencia de la **sección de lo mercantil**: competencia de los jueces o las juezas de paz.

– El **requerido es persona jurídica**: lugar del domicilio del solicitante, siempre que en ese lugar tenga el requerido delegación, sucursal, establecimiento u oficina abierta al público o representante autorizado para actuar en nombre de la entidad, lo cual deberá acreditarse.

Realizadas las **averiguaciones** sobre el domicilio o residencia, ¿qué **sucede si son infructuosas o el requerido de conciliación es localizado en otro partido judicial?** El/La LAJ dictará decreto o el/la juez/a de paz auto dando por terminado el expediente, haciendo constar tal circunstancia y reservando al solicitante de conciliación el derecho a promover de nuevo el expediente ante el tribunal competente.

Suscitadas **cuestiones de competencia** del tribunal o **recusaciones** del/de la LAJ o juez/a de paz, se tendrá por **intentada la comparecencia sin más trámites**.

c) Procedimiento: inicio y admisión

El procedimiento de conciliación se inicia mediante **solicitud por escrito** ante el órgano competente, si bien también se admite la posibilidad de cumplimentar al efecto los impresos normalizados disponibles. **¿Cuál será el contenido de la solicitud?** Conforme al artículo 141 de la LJV debe consignar:

– Los datos y circunstancias de identificación del solicitante y del requerido de conciliación.

– El domicilio en que puedan ser citados.

– El objeto de la conciliación.

– La fecha.

– Con claridad y precisión, el objeto de la avenencia.

Asimismo, podrá acompañarse de los documentos que se consideren oportunos por el solicitante.

A TENER EN CUENTA. No será preceptiva, en los expedientes de conciliación, la intervención de abogado/a ni procurador/a.

Presentada la solicitud, el/la LAJ o juez/a de paz dictará **resolución sobre su admisión y citará a las personas interesadas** para el acto de conciliación.

¿Cuál es el plazo para dictar dicha resolución? Los **5 días** hábiles siguientes a la presentación de la solicitud. Y **¿cuándo ha de celebrarse el acto de conciliación?** En la fecha y hora fijadas, debiendo pasar entre la citación y el acto al menos 5 días, si bien en ningún caso el acto puede **demorarse más de 10 días** desde la admisión de la solicitud.

La admisión de la solicitud de conciliación implicará la **interrupción de la prescripción, tanto adquisitiva como extintiva, desde el momento de su presentación,** esto ya había sido admitido por la jurisprudencia, en este sentido la **sentencia del Tribunal Supremo n.° 381/2001, de 19 de abril, ECLI:ES:TS:2001:3235,** reza como sigue:

> «Debe recordarse que el artículo 479 de la Ley de Enjuiciamiento Civil concede efectos de interrupción de la prescripción , tanto adquisitiva como extintiva, a la presentación con ulterior admisión de la petición de conciliación, habiendo prescindido, tras la reforma de 1984, de la exigencia de que se presentase la demanda principal en el plazo de dos meses, requisito que solamente establece el Código Civil para la interrupción de la prescripción adquisitiva, en su artículo 1947.
>
> En cuanto a la interrupción de la prescripción extintiva, que es la que aquí nos interesa, el artículo 1973 del mencionado Código, no hace expresa referencia al acto de conciliación, pese a lo cual una reiterada doctrina de esta Sala (por todas, sentencias de 18 de Septiembre de 1987 y de 29 de Junio de 1990) concede al mismo dicha eficacia, por ser ilógico reconocer mayor transcendencia a la reclamación extrajudicial, y sin extender al mismo la exigencia en cuanto al ejercicio de la acción principal en término de dos meses que hemos visto establecía el art. 1947».

Con respecto a cuando comienza a correr de nuevo, el artículo 143 de la LJV señala el momento en que se dicte decreto o auto poniendo fin al expediente. En este sentido, la jurisprudencia es clara al respecto, y el plazo comienza desde el momento en el que el acto de conciliación se da por terminado, es decir, el plazo comienza a correr de nuevo no se reanuda, en este sentido es interesante hacer mención a la **sentencia del Tribunal Supremo n.° 480/2017, de 20 de julio, ECLI:ES:TS:2017:3022,** «(...) la presentación con ulterior admisión de la petición de conciliación interrumpirá la prescripción, pero el plazo legal de la misma comienza a correr de nuevo inexorablemente desde que el acto se da por terminado sin efecto al no haberse logrado avenencia».

d) Acto de conciliación

Las partes comparecerán en el acto **por sí o por medio de procurador/a** conforme a lo previsto en la LEC **¿qué sucede si no comparecen?** Caben distintas posibilidades:

- **No comparece el solicitante ni alega justa causa para no concurrir:**
  - Se le tendrá por desistido.
  - Archivo del expediente.
  - Si no justifica justa causa para no comparecer: posible indemnización de daños y perjuicios, reclamación que se trasladará al solici-

tante por 5 días, resolviendo el/la LAJ o juez/a de paz sin recurso, fijando, si procede la indemnización oportuna.

– **No comparece el requerido ni alega justa causa para no concurrir:**

- Fin del acto, teniendo la conciliación por intentada a todos los efectos.

- En caso de varios requeridos **¿qué ocurre si solo comparece alguno?** En este caso se celebrará el acto con el que comparezca y se tendrá por intentada la conciliación respecto de los demás.

CUESTIÓN

¿Qué sucederá cuando el/la LAJ o el/la juez/a de paz considere acreditada la justa causa para no concurrir de cualquiera de las partes?

Si se entiende acreditada la justa causa alegada se señalará nuevo día y hora para el acto de conciliación en el plazo de los 5 días siguientes a la decisión de suspender el acto.

¿Cuáles **son los pasos a seguir en el acto de conciliación? Cabe señalar los siguientes:**

- El solicitante expone su reclamación y sus fundamentos.

- El requerido contesta lo que estime conveniente.

- Ambas partes pueden exhibir o aportar los documentos que les sirvan de fundamento.

- Posibilidades:

  - No hay avenencia: el/la LAJ o el/la juez/a intentará avenirlos. Si no lo consiguen, se hará constar que el acto terminó sin avenencia.

  - Alegada cuestión que impida la prosecución del acto: se dará por terminado y se tendrá intentada sin más trámites la conciliación.

  - Hay conformidad de las partes interesadas: acta que refleje lo acordado, que el acto terminó con avenencia y los términos de esta. El acta debe firmarse por los comparecientes.

- El desarrollo de la comparecencia se registrará, si es posible, en soporte apto para la grabación y reproducción del sonido y la imagen conforme a la LEC.

- Finalizado el acto: decreto del/de la LAJ o auto del/de la juez/a de paz reflejando el resultado del acto (avenencia, intentado sin efecto, sin avenencia, archivo definitivo).

- Las partes podrán solicitar testimonio del acta que ponga fin al acto de conciliación.

CUESTIÓN

¿Quién asume los gastos del acto de conciliación?

Conforme al artículo 146, párrafo segundo, de la LJV los gastos del acto de conciliación serán de cuenta del que lo haya promovido.

---

e) Eficacia de lo acordado

Tanto el testimonio del acta como el decreto o el auto, en su caso, en los que conste la avenencia de las partes llevarán **aparejada ejecución**. A otros efectos, lo convenido tendrá el valor y eficacia de un convenio consignado en documento público y solemne.

¿A quién corresponde la ejecución? Al mismo tribunal que tramitó la conciliación si son asuntos de su competencia, en otro caso a la sección civil del tribunal de instancia a quien correspondería conocer de la demanda.

> **A TENER EN CUENTA.** La ejecución en estos casos se ajustará a lo previsto en la LEC para la ejecución de sentencias y convenios judicialmente aprobados.

CUESTIÓN

¿Cabe alguna acción contra lo convenido en un acto de conciliación?

La respuesta ha de ser afirmativa, pero queda circunscrita sólo a la acción de nulidad por las causas que invalidan los contratos. La demanda para ejercerla se interpondrá en el plazo de 15 días desde el acto de conciliación ante el tribunal competente y se ajustará a los trámites del juicio que corresponda por la materia o la cuantía. Su ejercicio, suspende la ejecución de lo convenido en el acto de conciliación hasta la resolución definitiva de la acción (art. 148 de la LJV).

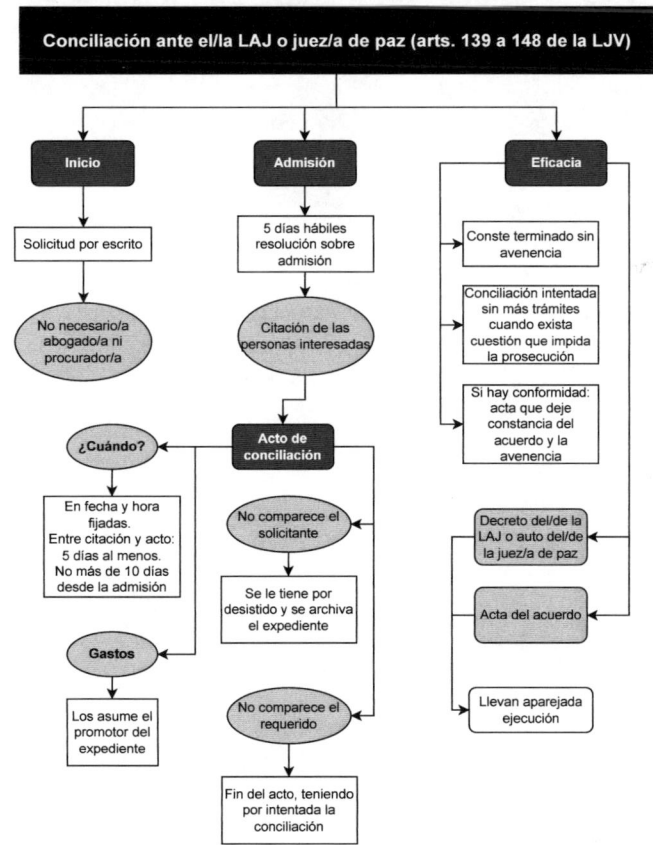

|| Conciliación ante el juez o la jueza de paz

Sin perjuicio de la aplicación a este tipo de conciliación de lo previsto en el punto anterior respecto de la conciliación ante LAJ, esto es, artículos 139 a 148 de la Ley de Jurisdicción Voluntaria, hay que traer a colación el artículo 47 de la LEC, concretamente el apartado segundo, que en relación con las competencias de los jueces y juezas de paz señala:

> «También les corresponde el conocimiento de los **expedientes de conciliación civil de cuantía inferior a 10.000 euros**, en los términos previstos por el título IX de la Ley 15/2015, de 2 de julio, de la Jurisdicción Voluntaria».

A TENER EN CUENTA. El art. 47 de la LEC ha sido modificado por la LO 1/2025, de 2 de enero, con entrada en vigor el 03/04/2025, ampliando las competencias de los jueces y juezas de paz.

5.
ESPECIAL REFERENCIA A LA MEDIACIÓN DE LA LEY 5/2012, DE 6 DE JULIO

Novedades en la Ley 5/2012, de 6 de julio, de mediación en asuntos civiles y mercantiles por la LO 1/2025

> **A TENER EN CUENTA.** Todas las modificaciones realizadas en la Ley 5/2012, de 6 de julio, por la LO 1/2025, de 2 de enero, entrarán en vigor el 03/04/2025.

La primera novedad introducida por la LO 1/2025, de 2 de noviembre, en la Ley 5/2012, de 6 de julio, la encontramos en el propio **concepto** de mediación, que se encuentra en el artículo 1 de la Ley 5/2012, de 6 de julio. Antes de la reforma se entendía por mediación «aquel medio de solución de controversias, **cualquiera que fuera su denominación**», si bien, una vez entren en vigor las modificaciones efectuadas por la LO 1/2025, se entenderá por mediación «aquel **medio adecuado de solución de controversias**», lo que significa que a la mediación se le llamará por su propio nombre, mediación.

Además, se indica que el **procedimiento de mediación deberá de ser estructurado**.

> «Se entiende por mediación aquel medio adecuado de solución de controversias en que dos o más partes intentan voluntariamente, a través de un procedimiento estructurado, alcanzar por sí mismas un acuerdo con la intervención de un mediador».

¿Qué efectos tendrá la mediación sobre los plazos de prescripción y caducidad?

En cuanto a la **prescripción esta se interrumpirá** y en cuanto a la **caducidad esta se suspenderá** desde la fecha en la que conste la recepción de dicha solicitud por el mediador o el depósito ante la institución de mediación en su caso.

PRESCRIPCIÓN	CADUCIDAD
INTERRUPCIÓN	SUSPENSIÓN

Desde la **fecha en la que conste la recepción** de la solicitud de mediación o el depósito ante la institución de mediación

El **cómputo de los plazos de prescripción y caducidad** se reiniciarán o reanudarán:

– En el caso de que en un **plazo de 15 días naturales** desde la fecha de recepción de la solicitud por el mediador o institución mediadora no se hubiera intentado por estos la comunicación con la otra parte.

– En el caso de que, en un **plazo de 15 días naturales** desde la recepción de la propuesta por la parte requerida, o dese la fecha de intento de la comunicación si dicha recepción no se produce, no se mantenga la primera reunión dirigida a alcanzar un acuerdo o no se obtenga respuesta por escrito.

CUESTIÓN

En el caso de que se abra la mediación, ¿hasta cuándo se podrá prolongar la interrupción o prescripción?

Hasta la fecha de firma del acuerdo de mediación o, en su defecto, la firma del acta final, o cuando se produzca la terminación de la mediación por alguna de las causas previstas en esta ley

|| Requisito de procedibilidad y libre disposición

Tal y como ya se contemplaba antes de la reforma, la mediación es voluntaria, si bien la **LO 1/2025, de 2 de enero**, amplía la redacción del requisito de libre disposición y procedibilidad, estableciendo que **la mediación es uno de los medios adecuados de solución de controversias a los que las partes pueden acudir para intentar encontrar una solución extrajudicial** a la controversia y de esta forma poder **cumplir con el requisito de procedibilidad previsto en el artículo 403 de la LEC, en su apartado 2.**

Pero ¿cuándo **se entenderá realmente cumplido el requisito de procedibilidad?** Se entenderá cumplido con **la celebración, al menos, de una sesión inicial ante el mediador o la mediadora**, siempre que quede en ella constancia del objeto de la controversia y de los demás requisitos. A dicha sesión habrán de asistir las partes, personalmente si se trata de personas físicas, y el o la representante legal o persona con facultad para transigir, si se trata de personas jurídicas.

Por otra parte, cuando exista un pacto por escrito que exprese el compromiso de someter a mediación las controversias surgidas o que puedan surgir, se deberá intentar el procedimiento pactado de buena fe, antes de acudir a la jurisdicción o a otra solución extrajudicial. Además, dicha cláusula surtirá estos efectos incluso cuando la controversia verse sobre la validez o existencia del contrato en el que conste.

> **A TENER EN CUENTA.** Nadie está obligado a mantenerse en el procedimiento de mediación ni a concluir un acuerdo

|| Confidencialidad de la mediación

En cuanto a la confidencialidad, la **LO 1/2025, de 2 de enero,** añade una salvedad al deber de la misma, ya que ahora no será confidencial los siguiente:

- La **información relativa a si las partes acudieron o no a la mediación.**
- El **objeto** de la controversia.

Asimismo, **el deber de confidencialidad,** al igual que se contemplaba antes de la reforma, **se extiende al mediador o mediadora,** que quedará protegido por el secreto profesional, a las instituciones de mediación y a las partes intervinientes de modo que no podrán revelar la información que hubieran podido obtener derivada del procedimiento.

Pero ¿qué **sucederá en el** ámbito **de un procedimiento judicial en el que participe un mediador o mediadora?** La confidencialidad impide que estos estén obligados, en el ámbito de un procedimiento judicial o de un arbitraje a declarar sobre la información y documentación derivada de dicho procedimiento de mediación o a aportar documentación relacionada con él, excepto:

- Cuando todas las partes de manera expresa y por escrito se hayan dispensado recíprocamente o al mediador del deber de confidencialidad.
- Cuando se esté tramitando la impugnación de la tasación de costas y su solicitud de exoneración o moderación según lo previsto en el artículo 245 de la LEC, a esos únicos efectos y sin que pueda utilizarse para otros diferentes ni en procesos posteriores (**novedad introducida por la LO 1/2025, de 2 de enero**).
- Cuando, mediante resolución judicial motivada, sea solicitada por los jueces del orden jurisdiccional penal.
- Cuando sea necesario por razones imperiosas de orden público, en particular cuando así lo requiera la protección del interés superior del menor o la prevención de daños a la integridad física o psicológica de una persona (**novedad introducida por la LO 1/2025, de 2 de enero**).

Asimismo, salvo en dichas excepciones, **si se pretendiese por alguna de las partes la aportación de la información confidencial como prueba en un proceso judicial o un arbitraje, no será admitida** por aplicación de lo dispuesto en el artículo 183 de la LEC, en su apartado 3.

> **CUESTIÓN**
>
> **¿Qué supondrá la infracción del deber de confidencialidad en un proceso de mediación?**
>
> Generará responsabilidad en los términos previstos en el ordenamiento jurídico.

¿Qué condiciones se necesitarán para poder ejercer como mediador o mediadora?

Pueden ser mediadores o mediadoras de acuerdo con el **artículo 11 de la Ley 5/2012, de 6 de julio:**

- **Personas naturales** que se hallen en pleno ejercicio de sus derechos civiles, siempre que no se lo impida la legislación a la que puedan estar sometidos en el ejercicio de su profesión.

- **Personas jurídicas** que se dediquen a la mediación, sean sociedades profesionales o cualquier otra prevista por el ordenamiento jurídico, deberán designar para su ejercicio a una persona natural que reúna los requisitos previstos en la Ley 5/2012, de 6 de julio.

Asimismo, el mediador o mediadora, **deberá de estar en posesión de título oficial universitario o de formación profesional superior y contar con formación específica para ejercer la mediación**, que se adquirirá mediante la realización de uno o varios cursos específicos impartidos por instituciones debidamente acreditadas, que tendrán validez para el ejercicio de la actividad mediadora en cualquier parte del territorio nacional.

Por otro lado, los mediadores deberán de **suscribir un seguro o garantía equivalente que cubra la responsabilidad civil derivada de su actuación en los conflictos** en que intervenga.

Como novedad introducida por la **LO 1/2025, de 2 de enero**, además de lo señalado anteriormente para actuar como mediador o mediadora en los siguientes supuestos, **será necesaria la inscripción en el Registro de Mediadores e Instituciones de Mediación dependiente del Ministerio de Justicia o, en su caso, en los registros de mediadores habilitados por las CC. AA.:**

- De común acuerdo entre las partes. En este caso la solicitud incluirá la designación del mediador o la institución de mediación en la que llevarán a cabo la mediación, así como el acuerdo sobre el lugar en el que se desarrollarán las sesiones y la lengua o lenguas de las actuaciones.

- Por una de las partes en cumplimiento de un pacto de sometimiento a mediación existente entre aquellas.

- Por una de las partes antes del ejercicio de acciones judiciales y en cumplimiento del requisito de procedibilidad previsto en el artículo 403.2 de la LEC.

- Por derivación judicial o del letrado o la letrada de la Administración de Justicia, previa conformidad de las partes en los términos previstos en las leyes procesales.

¿Cómo se llevará a cabo la actuación del mediador o mediadora?

En primer lugar, el mediador o mediadora **facilitará la comunicación entre las partes y velará por que dispongan de la información y asesoramiento suficientes.**

Además, la **LO 1/2025, de 2 de enero**, añade en el art. 13 de la Ley de mediación de asuntos civiles y mercantiles, que, **en caso de que vayan a asistir los abogados o las abogadas de las partes a cada una de las sesiones de mediación**, de haber varias, **será consensuada con las partes y el mediador o mediadora** y en caso de que no asistan a alguna de ellas no se invalidará el procedimiento de mediación cuando así se haya acordado.

El mediador o mediadora deberá desarrollar una **conducta activa** siempre tendente a lograr el acercamiento entre las partes.

CUESTIÓN

¿Podrá un mediador renunciar a desarrollar una mediación?

Sí, pero tendrá la obligación de entregar un acta a las partes en la que conste su renuncia.

Al mediador o mediadora se le exigirá **imparcialidad** y deberá abandonar o bien ya no iniciar la mediación cuando no exista al concurrir circunstancias que afecten a la misma. Por lo que, antes de iniciar o continuar la mediación, el mediador o mediadora deberán revelar cualquier circunstancia que pueda afectar a su imparcialidad o bien generar un conflicto de intereses. Tales circunstancias incluirán, en todo caso:

- **Todo tipo de relación personal,** contractual o empresarial con una de las partes.
- **Cualquier interés directo o indirecto** en el resultado de la mediación.
- **Que el/la mediador/a, o un miembro de su empresa u organización, hayan actuado anteriormente a favor de una o varias de las partes en cualquier circunstancia,** con excepción de la mediación.

En tales casos el/la mediador/a sólo podrá aceptar o continuar la mediación cuando asegure poder mediar con total imparcialidad y siempre que las partes lo consientan y lo hagan constar expresamente.

Y, el **deber de revelar esta información permanece a lo largo de todo el procedimiento de mediación.**

‖ ¿Cómo se iniciará el proceso de mediación?

El procedimiento de mediación podrá iniciarse (art. 16 de la Ley 5/2012, de 6 de julio):

- **De común acuerdo entre las partes**. En este caso la solicitud incluirá la designación del mediador o la institución de mediación en la que llevarán a cabo la mediación, así como el acuerdo sobre el lugar en el que se desarrollarán las sesiones y la lengua o lenguas de las actuaciones.
- **Por una de las partes en cumplimiento de un pacto de sometimiento a mediación** existente entre aquellas.

Además, la **LO 1/2025, de 2 de enero**, introduce dos nuevas posibilidades para iniciar el procedimiento de mediación, que son las siguientes:

- **Por una de las partes antes del ejercicio de acciones judiciales y en cumplimiento del requisito de procedibilidad** previsto en el artículo 403 de la LEC, en su apartado 2.

– **Por derivación judicial o del letrado o la letrada de la Administración de Justicia,** previa conformidad de las partes en los términos previstos en las leyes procesales

CUESTIÓN

¿Dónde se formulará la solicitud de inicio de la mediación?

Ante las instituciones de mediación o ante el mediador o mediadora propuesto por una de las partes a las demás o ya designado por ellas.

Pero **¿qué pasará cuando de forma voluntaria se inicie una mediación estando en curso un proceso judicial?** Las partes de común acuerdo podrán solicitar su suspensión de conformidad con lo dispuesto en la legislación procesal.

A raíz de la entrada en vigor de la LO 1/2025, de 2 de enero, **se contempla una nueva posibilidad que son los casos en los que se derive a mediación por el juez, jueza o tribunal o por el letrado o letrada de la Administración de Justicia durante el curso del proceso,** las partes designarán un mediador o institución de mediación debidamente acreditados ante los registros de mediadores del Ministerio de Justicia o de las CC. AA.

En estos casos, **si no llegasen a un acuerdo en la designación en el plazo común de 5 días**, se nombrará el que por turno corresponda de la lista de mediadores de cada especialidad que exista en el Servicio de medios adecuados de solución de controversias o ante los propios tribunales.

Por último, la nueva regulación especifica que, **en todos los casos, la no aceptación por el mediador designado en primer lugar, salvo que sea justificada, se entenderá como renuncia automática a la designación efectuada**, sin perjuicio de las responsabilidades disciplinarias en que pueda incurrir por razón de dicha negativa.

‖ ¿Cómo se llevará a cabo la sesión inicial de la mediación?

La sesión inicial se encuentra recogida en el **artículo 17 de la Ley 5/2012, de 6 de julio**, que antes de la reforma operada por la **LO 1/2025, de 2 de enero**, se encontrada bajo la rúbrica «Información y sesiones informativas» y tras la misma se denomina «Sesión inicial», y, además, el contenido del citado artículo ha sido modificado sustancialmente.

A partir de la entrada en vigor de la reforma, la sesión inicial de la mediación dará comienzo cuando, recibida la solicitud y salvo pacto en contrario de las partes, el mediador, mediadora o la institución de mediación **citará a las partes para la celebración de la sesión inicial**.

Pero **¿qué ocurrirá en el caso de que cualquiera de las partes no asista a la sesión sin justificación alguna?** Se entenderá que rehúsan la mediación solicitada y se tendrá por cumplido el requisito de procedibilidad.

> **A TENER EN CUENTA.** La información de qué parte o partes no asistieron a la sesión no será confidencial.

En esa sesión el mediador o mediadora informará a las partes de las posibles causas que puedan afectar a su imparcialidad, de su profesión, formación y experiencia; así como de las características de la mediación, su coste, la organización del procedimiento y las consecuencias jurídicas del acuerdo que se pudiera alcanzar, y del plazo para firmar el acta de la sesión constitutiva.

Asimismo, las partes habrán de manifestar durante la sesión el objeto de la controversia para que el intento de mediación pueda entenderse como suficiente para considerar cumplido el requisito de procedibilidad previo a la interposición de la demanda.

El mediador o mediadora deberán expedir, a petición de cualquiera de las partes, un documento en el que deberá hacer constar:

- La **identidad de la persona mediadora**, su cualificación, colegio profesional o institución a la que pertenece.
- La **identidad de las partes**.
- El **objeto** de la controversia.
- La **fecha** de la sesión.
- La **declaración solemne de que las dos partes han intervenido de buena fe** en el proceso, para que surta efectos ante la autoridad judicial correspondiente.
- En su caso, **la inasistencia de cualquiera de las partes**.

La certificación por el mediador o mediadora de la asistencia de las partes a esta sesión inicial, o el inicio del proceso de mediación de buena fe, aun cuando posteriormente se abandone por el desistimiento de cualquiera de las partes, satisface el requisito de procedibilidad del intento negociador previo a la interposición de la demanda.

|| La sesión constitutiva de la mediación

La sesión constitutiva se regula en el **artículo 19 de la Ley 5/2012, de 6 de julio**, a través de la cual dará comienzo el procedimiento de mediación y en la que las partes expresarán su deseo de desarrollar la mediación.

Antes de la entrada en vigor de la reforma (03/04/2025) operada por la **LO 1/2025, de 2 de enero**, se exigía que se dejara constancia de la identificación de las partes, la designación de la persona mediadora y del objeto del conflicto, pues a partir de la mencionada fecha, esto ya no será exigible ya que son datos de los que se dejará constancia en la sesión inicial, tal y como se ha explicado en el punto anterior.

Por lo que, en la sesión constitutiva se deberá dejar constancia únicamente de los siguientes aspectos:

- El **programa de actuaciones y duración máxima prevista** para el desarrollo del procedimiento, sin perjuicio de su posible modificación.
- La **información del coste de la mediación** o las bases para su determinación, con indicación separada de los honorarios de la persona mediadora y de otros posibles gastos.

– La **declaración de aceptación voluntaria** por las partes de la mediación y de que asumen las obligaciones de ella derivadas.

– El **lugar de celebración** y la lengua del procedimiento.

Como ya se contemplaba antes de la reforma y tras la misma se sigue manteniendo, y es que, **de la sesión constitutiva se levantará un acta** en la que consten los anteriores aspectos, que será firmada tanto por las partes como por la persona o personas mediadoras. En otro caso, dicha acta declarará que la mediación se ha intentado sin efecto

‖ ¿Qué duración tendrá el procedimiento de mediación?

La duración del procedimiento de mediación será lo más breve posible y sus actuaciones se concentrarán en el mínimo número de sesiones. (Art. 20 de la Ley 5/2012, de 6 de julio). Añadiendo la **LO 1/2025, de 2 de enero**, que, en los casos en que se **opte por el intento de mediación como requisito de procedibilidad, su duración no podrá exceder de 3 meses** desde la recepción de la solicitud por el mediador.

En cuanto a la **formalización del título ejecutivo**, las partes podrán elevar a escritura pública el acuerdo alcanzado tras un procedimiento de mediación.

Asimismo, el acuerdo de mediación se presentará por cualquiera de las partes ante un notario acompañado de copia de las actas de la sesión constitutiva y final del procedimiento, sin que sea necesaria la presencia del mediador.

> **CUESTIÓN**
>
> **¿Cómo se llevará a cabo la elevación a escritura pública del acuerdo de mediación?**
>
> El notario verificará el cumplimiento de los requisitos exigidos en esta ley de mediación y que su contenido no es contrario a Derecho.

Y ¿qué **ocurrirá en los casos que el acuerdo de mediación haya de ejecutarse en otro estado?** Además de la elevación a escritura pública será necesario el cumplimiento de los requisitos que, en su caso, puedan exigir los convenios internacionales en que España sea parte y las normas de la Unión Europea.

Por último, cuando el acuerdo se hubiere alcanzado en una mediación desarrollada después de iniciar un proceso judicial, las partes podrán solicitar del tribunal su homologación de acuerdo con lo dispuesto en la LEC.

ANEXO.
FORMULARIOS

Solicitud de suspensión del proceso judicial por intentar acuerdo por mediación

Procedimiento: [PROCEDIMIENTO]

Número: [NÚMERO/AÑO]

AL JUZGADO DE FAMILIA N.º [NÚM] **DE** [CIUDAD] **(1)**

Don/Doña [NOMBRE_PROCURADOR/A_PARTE_DTE] **y don/doña** [NOMBRE_PRO-CURADOR/A_PARTE_DDA], procuradores/as de los tribunales, en nombre y representación de don/doña [NOMBRE_CLIENTE_PARTE_DTE] y de don/doña [NOMBRE_CLIENTE_PARTE_DDA] respectivamente, conforme consta acreditado en los autos del procedimiento arriba referenciado, ante este juzgado comparecemos y como mejor proceda en derecho,

DIGO

Mediante el presente escrito y en virtud del artículo 19 apartado 4 de la Ley 1/2000 de 7 de enero, de Enjuiciamiento Civil **(2)**, **venimos a solicitar la SUSPENSIÓN DEL PROCEDIMIENTO** [ESPECIFICAR] al haber acordado, por voluntad común, someter el objeto del litigio al proceso de **MEDIACIÓN,** no perjudicando con ello el interés general o a tercero y dentro del plazo legal establecido, y el cual ha de seguirse por los cauces de la **Ley 5/2012, de 6 de julio**, de mediación de asuntos civiles y mercantiles, todo ello de conformidad con las siguientes,

ALEGACIONES

PRIMERA.- En fecha [FECHA] se presentó demanda de [DESCRIPCIÓN] por parte de [DESCRIPCIÓN].

SEGUNDA.- La contraparte contestó a la misma el [FECHA].

TERCERA.- Ambas partes han estado en conversaciones en aras de intentar llegar a un acuerdo extrajudicial.

CUARTA.- Expuesto lo anterior, se observó la posibilidad de acudir a mediación al objeto de conseguir ese acuerdo.

QUINTA.- El propio artículo 19 de la LEC expone tanto la posibilidad de acudir a la mediación, como la posibilidad de suspender el procedimiento por plazo no superior a 60 días, siendo ello lo que interesan ambas partes.

Cabe mentar aquí la **sentencia de la Audiencia Provincial de Madrid n.º 131/2016, de 1 de marzo, ECLI:ES:APM:2016:2373:**

«(...) el proceso de mediación se basa en el sometimiento voluntario de ambas partes a un mediador a fin de encontrar puntos de acuerdo para la solución del conflicto que ha dado lugar a la provocación del litigio.

Por propia naturaleza del instituto, puede ser sugerido, pero no impuesto por el órgano judicial, ni así tampoco por la parte que tenga interés en ello, puesto que requiere la voluntad concorde y predisposición al acuerdo de ambos litigantes(...)».

Por lo expuesto,

SUPLICAMOS AL JUZGADO:

Que, teniendo por presentado este escrito junto con sus copias, lo admita y, en base a las consideraciones que en él se contienen, **se dicte decreto acordando la SUSPENSIÓN del presente procedimiento** [ESPECIFICAR] conforme a lo solicitado.

Por ser de justicia que pido en [CIUDAD], a [DÍA] de [MES] de [AÑO]

[PROCURADOR_PARTE_DTE]   [PROCURADOR_PARTE_DDA]

---

(1) Conforme a la disposición transitoria primera de la Ley Orgánica 1/2025, de 2 de enero, de medidas en materia de eficiencia del Servicio Público de Justicia, el 31 de diciembre de 2025, los juzgados de familia se transformarán en las correspondientes secciones de familia, infancia y capacidad de los tribunales de instancia.

(2) El artículo 19 de la LEC ha sido objeto de modificación la LO 1/2025, de 2 de enero, con efectos del 3 de abril de 2025, con la redacción siguiente:

«1. Los litigantes están facultados para disponer del objeto del juicio y podrán renunciar, desistir del juicio, allanarse, someterse a mediación, a cualquier otro medio adecuado de solución de controversias o a arbitraje, y transigir sobre lo que sea objeto del mismo, excepto cuando la ley lo prohíba o establezca limitaciones por razones de interés general o en beneficio de tercero.

Estos actos de disposición de los litigantes no podrán realizarse una vez señalado día para la deliberación, votación y fallo del recurso de casación.

2. Si las partes pretendieran una transacción judicial y el acuerdo o convenio que alcanzaren fuere conforme a lo previsto en el apartado anterior, será homologado por el tribunal que esté conociendo del litigio al que se pretenda poner fin.

3. Los actos a los que se refieren los apartados anteriores podrán realizarse, según su naturaleza, en cualquier momento de la primera instancia o de los recursos o de la ejecución de sentencia, sin perjuicio de la regla especial para el recurso de casación contenida en el segundo párrafo del apartado 1.

4. Asimismo, las partes podrán solicitar la suspensión del proceso, que será acordada por el Letrado de la Administración de Justicia mediante decreto siempre que no perjudique al interés general o a tercero y que el plazo de la suspensión no supere los sesenta días.

5. En cualquier momento del procedimiento, el letrado o letrada de la Administración de Justicia o el juez, jueza o tribunal podrá plantear a las partes la posibilidad de derivar el litigio a mediación o a otro medio adecuado de solución de controversias, siempre que considere, mediante resolución motivada que podrá ser oral, que concurren circunstancias que posibilitan una solución del conflicto en dicho ámbito y, singularmente, en los casos en que no haya sido posible llevar a cabo la actividad negociadora previa. La derivación requerirá la conformidad de las partes, que podrán pedir conjuntamente la suspensión del procedimiento.

En los procedimientos en que intervengan personas mayores, definidas en el artículo 7 bis, se valorará específicamente esta circunstancia para promover la solución de los mismos a través de medios adecuados de solución de controversias, con especial consideración a la salvaguarda del principio de igualdad entre las partes».

Modelo genérico de solicitud de mediación por las partes

> **A TENER EN CUENTA.** La Ley 5/2012, de 6 de julio, de mediación en asuntos civiles y mercantiles, aludía en su artículo 17 a una sesión informativa tras la solicitud de la mediación en la que en caso de inasistencia injustificada de cualquiera de las partes se entendía que desistían de la mediación solicitada. Tras la modificación de aquella por la LO 1/2025, de 2 de enero, con entrada en vigor el 3 de abril de 2025, dicho precepto se refiere a una sesión inicial en la que en caso de inasistencia injustificada de cualquiera de las partes se entenderá que rehúsan la mediación y se tendrá por cumplido el requisito de procedibilidad.

En [LOCALIDAD] a [DIA] de [MES] de [AÑO].

A [NOMBRE] **(1)**

Don/Doña [NOMBRE_CLIENTE], mayor de edad, con domicilio en [DOMICILIO_CLIENTE] y DNI n.º [NIF_CIF_DNI_CLIENTE] y don/doña [NOMBRE_PARTECONTRARIA], mayor de edad, con domicilio en [DOMICILIO_PARTECONTRARIA] y DNI n.º [NIF_CIF_DNI_PARTE_CONTRARIA] en nombre de la entidad [NOMBRE_EMPRESA], con domicilio en [DOMICILIO_SOCIAL] y CIF [CIF],

EXPONEN

PRIMERO.- Por medio del acuerdo de fecha [DIA], de [MES], de [AÑO], cuya copia se adjunta, los comparecientes acordaron en los términos que incluye el convenio la sumisión a la mediación civil para intentar solucionar los conflictos que se derivaran de su relación sobre [CONCEPTO].

SEGUNDO.- Con motivo de la controversia que ha surgido entre las dos partes nos dirigimos a [NOMBRE] (Ud. o a esta entidad) para solicitar formalmente mediación de acuerdo a las siguientes PREMISAS:

- El objeto de la controversia y de la mediación que se solicita es [DESCRIPCIÓN].

- La valoración económica que se le atribuye importa [CANTIDAD] euros. El importe de la mediación, del que se nos deberá informar en la sesión inicial **(2)**, correrá por cuenta de ambas partes en igual proporción.

- Solicitamos en consecuencia que se nos cite a sesión inicial **(2)** en la que expresamente deberá informársenos de lo establecido en el art. 17.1 de la Ley 5/2012, de 6 de julio, de mediación en asuntos civiles y mercantiles **(3)**.

[FIRMAS]

---

(1) Institución de mediación o persona mediadora.

(2) La Ley 5/2012, de 6 de julio, de mediación en asuntos civiles y mercantiles, tras la modificación llevada a cabo por la LO 1/2025, de 2 de enero, con entrada en vigor el 3 de abril de 2025,

hace referencia, en su artículo 17, a la sesión inicial del acto de mediación. Hasta dicha fecha la referencia ha de entenderse hecha a la llamada sesión informativa del acto de mediación.

(3) En esa sesión el mediador informará a las partes de las posibles causas que puedan afectar a su imparcialidad, de su profesión, formación y experiencia; así como de las características de la mediación, su coste, la organización del procedimiento y las consecuencias jurídicas del acuerdo que se pudiera alcanzar, y del plazo para firmar el acta de la sesión constitutiva. Asimismo, en la redacción vigente a partir del 03/04/2025, se prevé que «Las partes habrán de manifestar durante la sesión el objeto de la controversia para que el intento de mediación pueda entenderse como suficiente para considerar cumplido el requisito de procedibilidad previo a la interposición de la demanda».

Solicitud de reanudación del procedimiento judicial tras mediación infructuosa

Indica el art. 19 de la Ley de Enjuiciamiento Civil, en su apartado primero, que:

«1. Los litigantes están facultados para disponer del objeto del juicio y podrán renunciar, desistir del juicio, allanarse, someterse a mediación, a cualquier otro medio adecuado de solución de controversias o a arbitraje, y transigir sobre lo que sea objeto del mismo, excepto cuando la ley lo prohíba o establezca limitaciones por razones de interés general o en beneficio de tercero.

Estos actos de disposición de los litigantes no podrán realizarse una vez señalado día para la deliberación, votación y fallo del recurso de casación».

Asimismo, el apartado tercero del meritado artículo nos indica que:

«3. Los actos a los que se refieren los apartados anteriores podrán realizarse, según su naturaleza, en cualquier momento de la primera instancia o de los recursos o de la ejecución de sentencia, sin perjuicio de la regla especial para el recurso de casación contenida en el segundo párrafo del apartado 1».

A TENER EN CUENTA. Los apartados 1 y 3 del artículo 19 de la LEC han sido modificados (además se añade un nuevo apartado 5) por la LO 1/2025, de 2 de enero, con efectos a partir del 3 de abril de 2025. Los extractos anteriores muestran la nueva versión aplicable a partir de dicha fecha.

Procedimiento [DESCRIPCIÓN]

Número [NÚMERO]/[AÑO]

AL JUZGADO DE PRIMERA INSTANCIA N.º [NUMERO] DE [CIUDAD] (1)

Don/Doña [NOMBRE_PROCURADOR/A_CLIENTE] procurador/a de los tribunales, y de don/doña [NOMBRE_CLIENTE] tal y como consta en las actuaciones, ante este juzgado comparezco y, como mejor proceda en derecho,

DIGO

Que mediante la presente interesamos, en virtud de lo dispuesto en el artículo 179 de la Ley de Enjuiciamiento Civil (LEC), la **REANUDACIÓN DEL PROCEDIMIENTO** y ello con relación a las siguientes:

ALEGACIONES

PRIMERA.- En fecha [FECHA] se presentó demanda de [DESCRIPCIÓN] por parte de [DESCRIPCIÓN].

SEGUNDA.- La contraparte contestó a la misma en [FECHA].

TERCERA.- Ambas partes han estado en conversaciones en aras de intentar llegar a un acuerdo extrajudicial.

CUARTA.- Observó la posibilidad de acudir a mediación al objeto de conseguir un acuerdo, se solicitó la suspensión del procedimiento, en virtud de lo dispuesto en el artículo 19 de la LEC **(2)**, otorgándose la misma con fecha [FECHA].

QUINTA.- Con fecha [FECHA], [FECHA], [FECHA], se produjeron las correspondientes sesiones de mediación, sin poder alcanzar mediante las mismas, solución al conflicto planteado.

Se acompañan como **documento n.º** [NÚMERO] certificación del mediador conforme no se ha procedido a solventar el conflicto entre las partes.

SEXTA.- Toda vez que se interesa una solución, en este caso judicial, es por la que se interesa por esta parte la reanudación del presente procedimiento.

Así, nos expone el propio art. 179 de la LEC, en su apartado 2 que:

> «El curso del procedimiento se podrá suspender de conformidad con lo que se establece en el apartado 4 del artículo 19 de la presente ley, y se reanudará si lo solicita cualquiera de las partes. Si, **transcurrido el plazo por el que se acordó la suspensión, nadie pidiere, en los cinco días siguientes, la reanudación del proceso**, el Letrado de la Administración de Justicia acordará archivar provisionalmente los autos y permanecerán en tal situación mientras no se solicite la continuación del proceso o se produzca la caducidad de instancia».

Por todo ello,

SUPLICO AL JUZGADO:

Tenga por presentado este escrito, junto con sus copias, las admita, les de la tramitación legal oportuna y previo los trámites de rigor, **ACUERDE la reanudación del procedimiento,** el cual se hallaba en la fase de [DESCRIPCION], con todo lo demás que sea procedente en derecho.

Por ser Justicia que pedimos en [CIUDAD] a [DIA] de [MES] de [AÑO]

Fdo.: D./D.ª [NOMBRE_ABOGADO] Fdo.: D./D.ª [NOMBRE_PROCURADOR]

OTROSÍ DIGO: Siendo intención de esta parte cumplir con todos los requisitos legales, a tenor de lo previsto en el artículo 231 de la Ley de Enjuiciamiento Civil, se solicita se le diere traslado de cualquier defecto que adoleciere la presente, para la inmediata subsanación de la misma.

En su virtud:

SUPLICO AL JUZGADO:

Tenga por efectuada la anterior manifestación a los efectos oportunos.

Por ser de Justicia, fecha y lugar *ut supra.*

Fdo.: D./D.ª [NOMBRE_ABOGADO/A] Fdo.: D./D.ª [NOMBRE_PROCURADOR/A]

---

(1) Conforme a la disposición transitoria primera de la *Ley Orgánica 1/2025, de 2 de enero*, de medidas en materia de eficiencia del Servicio Público de Justicia, los juzgados de primera instancia se transformarán en las correspondientes secciones de lo civil de los tribunales de instancia. Este proceso de transformación culminará el 31/12/2025.

(2) El artículo 19 de la LEC ha sido modificado por la *LO 1/2025, de 2 de enero*, con efectos de 3 de abril de 2025.

Demanda ejecutiva de acuerdo alcanzado tras mediación

El artículo 25 apartado 1 de la **Ley 5/2012, de 6 de julio, de mediación de asuntos civiles y mercantiles**, establece que las partes podrán elevar a escritura pública el acuerdo alcanzado en mediación, presentándolo ante un/una notario/a acompañado de copia de las actas de la sesión constitutiva y final del procedimiento, sin que sea necesaria la presencia de la persona mediadora.

Una vez elevado a escritura pública el acuerdo, este tendrá carácter de título ejecutivo, pudiendo ejercitarse acción ejecutiva del mismo (artículo 517.2.2.º de la LEC).

A TENER EN CUENTA. El artículo 25.1 de la Ley 5/2012, de 6 de julio, ha sido modificado por la LO 1/2025, de 2 de enero, con efectos desde el 03/04/2025, en el sentido de aclarar que la presentación del acuerdo de mediación ante notario/a se hará por cualquiera de las partes.

Asimismo, el artículo 517.2.2.º de la LEC también se ha visto modificado por la citada ley orgánica incorporando como título ejecutivo «los acuerdos alcanzados por las partes en cualquier otro de los medios adecuados de solución de controversias que igualmente hubieren sido elevados a escritura pública».

AL JUZGADO DE PRIMERA INSTANCIA QUE POR TURNO CORRESPONDA DE [CIUDAD] (1)

Don/Doña [NOMBRE_PROCURADOR], procurador de los tribunales y de don/doña [NOMBRE_CLIENTE], con D.N.I. [NÚM_DOC], con domicilio en [DIRECCIÓN_COMPLETA], cuyo apoderamiento se acompaña al presente escrito como **documento n.º** [NÚM_DOC], y bajo la asistencia letrada de don/doña [NOMBRE_ABOGADO], con núm. colegiado/a [NÚM_COL_NOMBRE_COLEGIO], ante este juzgado comparezco y como mejor proceda en derecho,

DIGO

Mediante el presente escrito y al amparo del artículo 517 apartado 2, 2.º de la LEC, vengo a **FORMULAR DEMANDA EJECUTIVA DE ACUERDO DE MEDIACIÓN (2)**, elevado a escrita pública otorgada en fecha [DIA_MES_AÑO], ante el/la notario/a don/doña [NOMBRE_NOTARIO], con número de Protocolo [NÚM_PROTOCOLO], en reclamación de [ESPECIFICAR], contra don/doña [NOMBRE_DEMANDADO], con D.N.I. [NÚM_DNI] y domicilio en [DIRECCION], todo ello en base a los siguientes:

HECHOS

PRIMERO.- En fecha [DIA_MES_AÑO] mi representado/a presentó solicitud para iniciar procedimiento de mediación (2) contra [NOMBRE_DEMANDADO] en concepto de [DESCRIPCIÓN_CONTROVERSIA].

SEGUNDO.- Dicha solicitud dio lugar a la tramitación del expediente número [NÚM/NÚM], el cual fue seguido ante [ORGANO_MEDIADOR].

En fecha [DIA_MES_AÑO] fue alcanzado acuerdo entre las partes de la manera siguiente: [DESCRIPCIÓN_ACUERDO].

TERCERO.- Siguiendo los trámites oportunos, el acuerdo fue elevado a público mediante Escritura de fecha [DIA_MES_AÑO] otorgada ante el/la notario/a don/doña [NOMBRE], con número de protocolo [NÚM].

A efectos probatorios se acompaña el referido documento público como **documento n.º** [NÚM].

CUARTO.- Transcurrido el tiempo al efecto para el cumplimiento del acuerdo y siendo improductivos los requerimientos por esta parte hacia la demandada para que procediera con lo acordado, no queda a esta parte otra opción que hacer valer sus derechos por la vía judicial.

Es por ello que solicitamos que se despache ejecución hacia la demandada para que proceda al cumplimiento de [DESCRIPCIÓN].

A estos hechos son de aplicación los siguientes:

FUNDAMENTOS DE DERECHO

I.- JURISDICCIÓN Y COMPETENCIA

Es competente la jurisdicción civil y tribunales civiles españoles para conocer de las pretensiones que se susciten en su territorio, como así se dicta en el artículo 21 de la Ley Orgánica 6/1985, de 1 de julio, del Poder Judicial, y es competente el juzgado **(1)** al que me dirijo, por ser el del lugar donde se ha celebrado el acuerdo de mediación **(2)**, todo ello conforme lo dispuesto en el artículo 545 apartado 2 de la Ley 1/2000, de 7 de enero, de Enjuiciamiento Civil **(3)**.

II.- CAPACIDAD Y LEGITIMACIÓN

Ostentan ambas partes legitimación y capacidad suficiente al amparo de los artículos 6 y 538 de la LEC.

III.- REPRESENTACIÓN Y DEFENSA

Concurre esta parte asistida de letrado/a y representada por procurador/a conforme al artículo 539.1 de la LEC **(4)**.

IV.- PROCEDIMIENTO

Conforme a lo establecido en los artículos 548 y siguientes de la LEC.

V.-TÍTULO EJECUTIVO

El artículo 517.1 de la LEC exige que la acción ejecutiva se funde en un título que lleve aparejada ejecución y, a estos efectos, los enumera en el apartado segundo, el cual prevé como título ejecutivo, por lo que aquí interesa, «los acuerdos de mediación, debiendo estos últimos haber sido elevados a escritura pública de acuerdo con la Ley de mediación en asuntos civiles y mercantiles» **(5)**.

VI.- BIENES SUSCEPTIBLES DE EJECUCIÓN

Esta parte desconoce los bienes susceptibles de embargo que pudiera tener la parte demandada, solicitando la averiguación de los mismos por este juzgado, conforme al artículo 590 de la LEC.

VII.- COSTAS

A cargo del ejecutado a tenor del artículo 539 de la LEC **(6)**.

Por todo lo expuesto,

SUPLICO AL JUZGADO:

Que, teniendo por presentado este escrito junto con sus copias y documentos que se acompañan, lo admita y tras la práctica de las diligencias que considere oportunas, acuerde DESPACHO DE EJECUCIÓN frente a [PARTE_DEMANDADA] requiriéndole para que proceda al cumplimiento de [DESCRIPCIÓN_ACUERDO] **(7)**, y condena en costas.

Es de justicia que pido en [LUGAR], a [DÍA] de [MES] de [AÑO].

FIRMA

Fdo.: D./D.ª [NOMBRE_ABOGADO/A] Fdo.: D./D.ª [NOMBRE_PROCURADOR/A]

---

(1) Conforme a la disposición transitoria primera de la Ley Orgánica 1/2025, de 2 de enero, de medidas en materia de eficiencia del Servicio Público de Justicia, los juzgados de primera instancia se transformarán en las correspondientes secciones de lo civil de los tribunales de instancia. Este proceso de transformación culminará el 31/12/2025.

(2) Este formulario hace referencia al acuerdo de mediación, si bien tras la LO 1/2025, de 2 de enero, y la modificación por la misma del artículo 517.2.2.º de la LEC, en vigor a partir del 03/04/2025, puede entenderse igualmente aplicable a los acuerdos de las partes en cualquier otro de los medios adecuados de solución de controversias que se hubiera elevado a escritura pública. En este sentido, hay que tener en cuenta lo previsto en el artículo 12 de la LO 1/2025, de 2 de enero.

(3) El artículo 545.2 de la LEC, en cuanto a la competencia en materia ejecutiva, hace referencia expresa al caso de acuerdos de mediación. Dicho precepto no ha sido modificado por la LO 1/2025, de 2 de enero, y, por tanto, no contempla norma competencial específica respecto de los acuerdos alcanzados en cualquier otro medio adecuado de solución de controversias. No obstante, se entiende que a estos últimos les será de aplicación aquella norma conforme a lo previsto en la nueva DA 12.ª de la LEC (en vigor a partir del 03/04/2025) conforme a la cual: *«Todas las referencias que en la presente ley se realizan a la mediación han de entenderse referidas también a cualquier otro de los medios adecuados de solución de controversias previstos por la Ley Orgánica de medidas en materia de eficiencia del Servicio Público de Justicia».*

(4) El artículo 539.1 de la LEC ha sido modificado por la LO 1/2025, de 2 de enero, con efectos desde el 03/04/2025, añadiendo dos párrafos —los nuevos párrafos segundo y tercero— y señala:

«El ejecutante y el ejecutado deberán estar dirigidos por letrado y representados por procurador, salvo que se trate de la ejecución de resoluciones dictadas en procesos en que no sea preceptiva la intervención de dichos profesionales.

En los supuestos establecidos por la ley, previa solicitud de la parte ejecutante, y a su costa, el juez, jueza o Tribunal podrá acordar que determinadas actuaciones materiales propias del proceso de ejecución sean efectuadas por el profesional de la procura que le represente.

En el ejercicio de las funciones contempladas en este apartado, y sin perjuicio de la posibilidad de sustitución prevista en la Ley Orgánica del Poder Judicial, el o la profesional de la procura de la parte actuará de forma personal e indelegable y su actuación será impugnable ante el letrado o letrada de la Administración de Justicia conforme a la tramitación prevista en los artículos 452 y 453. Contra el decreto resolutivo de esta impugnación se podrá interponer recurso de revisión.

Para la ejecución derivada de procesos monitorios en que no haya habido oposición, se requerirá la intervención de abogado y procurador siempre que la cantidad por la que se despache ejecución sea superior a 2.000 euros.

Para la ejecución derivada de un acuerdo de mediación o un laudo arbitral se requerirá la intervención de abogado y procurador siempre que la cantidad por la que se despache ejecución sea superior a 2.000 euros».

(5) El artículo 517.2.2.º de la LEC ha sido modificado por la LO 1/2025, de 2 de enero, en vigor a partir del 03/04/2025, para incorporar como título ejecutivo «los acuerdos alcanzados por las partes en cualquier otro de los medios adecuados de solución de controversias que igualmente hubieren sido elevados a escritura pública».

(6) El artículo 539.2 de la LEC señala:

«En las actuaciones del proceso de ejecución para las que esta ley prevea expresamente pronunciamiento sobre costas, las partes deberán satisfacer los gastos y costas que les correspondan conforme a lo previsto en el artículo 241 de esta ley, sin perjuicio de los reembolsos que procedan tras la decisión del tribunal o, en su caso, del letrado o la letrada de la Administración de Justicia sobre las costas.

Las costas del proceso de ejecución no comprendidas en el párrafo anterior serán a cargo del ejecutado sin necesidad de expresa imposición, pero, hasta su liquidación, el ejecutante deberá satisfacer los gastos y costas que se vayan produciendo, salvo los que correspondan a actuaciones que se realicen a instancia del ejecutado o de otros sujetos, que deberán ser pagados por quien haya solicitado la actuación de que se trate».

(7) Si se trata de ejecución dineraria habrá que solicitar la cantidad que englobe los siguientes conceptos: principal, intereses vencidos, así como lo que se prevea en intereses que devenguen durante la ejecución.

Demanda ejecutiva de acuerdo de mediación alcanzado una vez iniciado un procedimiento

El artículo 25 apartado 4 de la Ley 5/2012, de 6 de julio, de mediación de asuntos civiles y mercantiles, establece que cuando el acuerdo se hubiere alcanzado en una mediación desarrollada después de iniciar un proceso judicial, las partes podrán solicitar del tribunal su homologación de acuerdo con lo dispuesto en la Ley de Enjuiciamiento Civil.

Una vez elevado homologado, éste tendrá carácter de título ejecutivo, pudiendo ejercitarse acción ejecutiva del mismo, al amparo del **artículo 517 apartado 2, 3º de la LEC**, ostentando la competencia judicial para dicha acción el Juzgado que lo haya homologado o conociera en primera instancia el procedimiento **(artículo 545.1 LEC)**.

A TENER EN CUENTA. El artículo 25.1 de la Ley 5/2012, de 6 de julio, ha sido modificado por la LO 1/2025, de 2 de enero, con efectos desde el 03/04/2025, en el sentido de aclarar que la presentación del acuerdo de mediación ante notario/a se hará por cualquiera de las partes.

Autos/Procedimiento: [NÚM]

AL JUZGADO DE PRIMERA INSTANCIA N.º [NÚM] DE [CIUDAD] (1)

Don/Doña [NOMBRE_PROCURADOR/A], procurador/a de los tribunales y de don/doña [NOMBRE_CLIENTE], con DNI [NÚM_DOC], con domicilio en [DIRECCIÓN_COMPLETA], cuyo apoderamiento y demás datos constan en el procedimiento que figura en el margen, y bajo la asistencia letrada de [NOMBRE_ABOGADO/A], con núm. Colegiado [NÚM_COL_NOMBRE_COLEGIO], ante este juzgado comparezco y como mejor proceda en Derecho,

DIGO:

Que mediante el presente escrito y al amparo del artículo 517 apartado 2, 3º de la LEC, vengo a **FORMULAR DEMANDA EJECUTIVA DE ACUERDO DE MEDIACIÓN (2)**, homologado por este Juzgado mediante auto de fecha [DÍA_MES_AÑO], contra don/doña [NOMBRE_DEMANDADO/A], con DNI [NÚM_DNI] y domicilio en [DIRECCIÓN], todo ello en base a los siguientes:

HECHOS:

PRIMERO.- En fecha [DÍA_MES_AÑO], en el seno del procedimiento [NÚM/NÚM], ambas partes, tras celebrar acto de mediación **(2)**, llegaron a un acuerdo, el cual fue homologado por este Juzgado en Auto de fecha [DÍA_MES_AÑO].

A efectos probatorios se acompaña el referido acuerdo como **documento n.º** [NÚMERO].

SEGUNDO.- Transcurrido el tiempo al efecto para el cumplimiento del acuerdo y siendo improductivos los requerimientos por esta parte hacia la demandada para que procediera con lo acordado, no queda a esta parte otra opción que hacer valer sus derechos a través de la presente demanda ejecutiva.

Es por ello que solicitamos que se despache ejecución hacia la demandada para que proceda al cumplimiento de [DESCRIPCIÓN].

A estos hechos son de aplicación los siguientes:

FUNDAMENTOS DE DERECHO:

I.- JURISDICCIÓN Y COMPETENCIA

Es competente la jurisdicción civil y Tribunales civiles españoles para conocer de las pretensiones que se susciten en su territorio, como así se dicta en el artículo 21 de la LOPJ, y es competente el juzgado **(1)** al que me dirijo, por ser el que conoció del asunto en primera instancia y quien homologó el acuerdo, todo ello conforme lo dispuesto en el artículo 545 de la LEC, apartado 1.

II.- CAPACIDAD Y LEGITIMACIÓN

Ostentan ambas partes legitimación y capacidad suficiente al amparo de los artículos 6 de la LEC y 538 de la LEC.

III.- REPRESENTACIÓN Y DEFENSA

Conforme al artículo 539 de la LEC. **(3)**

IV.- PROCEDIMIENTO

Conforme a lo establecido en los artículos 548 y siguientes de la LEC.

V.- TÍTULO EJECUTIVO

Establece el artículo 517 de la LEC, en su apartado 1 y 2, 3° **(4)** que tendrán aparejada ejecución los siguientes títulos: Las resoluciones judiciales que aprueben u homologuen transacciones judiciales y acuerdos logrados en el proceso, acompañadas, si fuere necesario para constancia de su concreto contenido, de los correspondientes testimonios de las actuaciones.

VI.- BIENES SUSCEPTIBLES DE EJECUCIÓN

Es parte desconoce los bienes susceptibles de embargo que pudiera tener la parte demandada, solicitando la averiguación de los mismos por este Juzgado, conforme al artículo 590 de la LEC.

VII.- COSTAS

A cargo del ejecutado a tenor del artículo 539 de la LEC.**(5)**

Por todo lo expuesto,

SUPLICO AL JUZGADO:

Teniendo por presentado este escrito junto con sus copias y documentos que se acompañan, lo admita y tras la práctica de las diligencias que considere oportunas, acuerde **DESPACHO DE EJECUCIÓN** frente a [PARTE_DEMANDADA] requiriéndole para que proceda al cumplimiento de [DESCRIPCIÓN_ACUERDO]**(6),** y condena en costas.

Es Justicia que pido en [LUGAR], a [DÍA] de [MES] de [AÑO].

Fdo.: D./D.ª [NOMBRE_ABOGADO/A] Fdo.: D./D.ª [NOMBRE_PROCURADOR/A]

---

(1) Conforme a la disposición transitoria primera de la Ley Orgánica 1/2025, de 2 de enero, de medidas en materia de eficiencia del Servicio Público de los juzgados de primera instancia se transformarán en las correspondientes secciones de lo civil de los tribunales de instancia. Este proceso de transformación culminará el 31/12/2025.

(2) Este formulario hace referencia al acuerdo de mediación, si bien tras la LO 1/2025, de 2 de enero, y la modificación por la misma del artículo 517.2.2.º de la LEC, en vigor a partir del 03/04/2025, puede entenderse igualmente aplicable a los acuerdos de las partes en cualquier otro de los medios adecuados de solución de controversias que se hubiera elevado a escritura pública. En este sentido, hay que tener en cuenta lo previsto en el artículo 12 de la LO 1/2025, de 2 de enero.

(3) El artículo 539.1 de la LEC ha sido modificado por la LO 1/2025, de 2 de enero, con efectos desde el 03/04/2025, añadiendo dos párrafos —los nuevos párrafos segundo y tercero— y señala:

«El ejecutante y el ejecutado deberán estar dirigidos por letrado y representados por procurador, salvo que se trate de la ejecución de resoluciones dictadas en procesos en que no sea preceptiva la intervención de dichos profesionales.

En los supuestos establecidos por la ley, previa solicitud de la parte ejecutante, y a su costa, el juez, jueza o Tribunal podrá acordar que determinadas actuaciones materiales propias del proceso de ejecución sean efectuadas por el profesional de la procura que le represente.

En el ejercicio de las funciones contempladas en este apartado, y sin perjuicio de la posibilidad de sustitución prevista en la Ley Orgánica del Poder Judicial, el o la profesional de la procura de la parte actuará de forma personal e indelegable y su actuación será impugnable ante el letrado o letrada de la Administración de Justicia conforme a la tramitación prevista en los artículos 452 y 453. Contra el decreto resolutivo de esta impugnación se podrá interponer recurso de revisión.

Para la ejecución derivada de procesos monitorios en que no haya habido oposición, se requerirá la intervención de abogado y procurador siempre que la cantidad por la que se despache ejecución sea superior a 2.000 euros.

Para la ejecución derivada de un acuerdo de mediación o un laudo arbitral se requerirá la intervención de abogado y procurador siempre que la cantidad por la que se despache ejecución sea superior a 2.000 euros».

(4) El artículo 517.2.2.º de la LEC ha sido modificado por la LO 1/2025, de 2 de enero, en vigor a partir del 03/04/2025, para incorporar como título ejecutivo «los acuerdos alcanzados por las partes en cualquier otro de los medios adecuados de solución de controversias que igualmente hubieren sido elevados a escritura pública».

(5) El artículo 539.2 de la LEC señala:

«En las actuaciones del proceso de ejecución para las que esta ley prevea expresamente pronunciamiento sobre costas, las partes deberán satisfacer los gastos y costas que les correspondan conforme a lo previsto en el artículo 241 de esta ley, sin perjuicio de los reembolsos que procedan tras la decisión del tribunal o, en su caso, del letrado o la letrada de la Administración de Justicia sobre las costas.

Las costas del proceso de ejecución no comprendidas en el párrafo anterior serán a cargo del ejecutado sin necesidad de expresa imposición, pero, hasta su liquidación, el ejecutante deberá satisfacer los gastos y costas que se vayan produciendo, salvo los que correspondan a actuaciones que se realicen a instancia del ejecutado o de otros sujetos, que deberán ser pagados por quien haya solicitado la actuación de que se trate».

(6) Si se trata de ejecución dineraria habrá que solicitar la cantidad que englobe los siguientes conceptos: principal, intereses vencidos, así como lo que se prevea en intereses que devenguen durante la ejecución.

Solicitud de reanudación de proceso tras suspensión del proceso verbal/ordinario para acudir a mediación

El artículo 19 de la LEC contempla la posibilidad de suspensión de un procedimiento cuando las partes, de común acuerdo, decidan someter ese litigio a mediación, a cualquier otro medio adecuado de solución de controversias o a arbitraje.

> **A TENER EN CUENTA.** El artículo 19 de la LEC ha sido modificado por la LO 1/2025, de 2 de enero, con efectos desde el 3 de abril de 2025.

Procedimiento Juicio Verbal/Ordinario [NUMERO]/[NUMERO]

AL JUZGADO DE PRIMERA INSTANCIA N.º [NUMERO] DE [LOCALIDAD] (1)

Don/Doña [NOMBRE_PROCURADOR]**, procurador/a de los tribunales y de don/doña** [NOMBRE_CLIENTE], como así consta acreditado en los autos del margen arriba referenciado, ante este juzgado comparezco y como mejor proceda en derecho,

DIGO

En fecha [DIA_MES_AÑO] y en virtud del artículo 19.4 de la Ley 1/2000 de 7 de enero, de Enjuiciamiento Civil, **(2)** las partes, de común acuerdo, solicitaron la suspensión de este procedimiento para su sometimiento a mediación **(3)**, acordándose la misma mediante decreto en fecha [DIA_MES_AÑO].

Concluida la mediación **(3)** sin lograr acuerdo y al amparo del artículo 179 apartado 2 de la LEC, **(4)** por medio del presente escrito, vengo a solicitar la REANUDACIÓN DEL PROCESO.

Por lo expuesto,

SUPLICO AL JUZGADO:

Que tenga por presentado este escrito junto con sus copias, se sirva admitirlo y tras los trámites oportunos **ACUERDE LA REANUDACIÓN DEL PROCEDIMIENTO** [NÚM_PROC]**,** a todos los efectos.

Por ser justicia, que pido en [DÍA_MES_AÑO]

Firmado

---

(1) Conforme a la disposición transitoria primera de la Ley Orgánica 1/2025, de 2 de enero, de medidas en materia de eficiencia del Servicio Público de los juzgados de primera instancia se transformarán en las correspondientes secciones de lo civil de los tribunales de instancia. Este proceso de transformación culminará el 31/12/2025.

(2) El artículo 19 de la LEC ha sido modificado por la LO 1/2025, de 2 de enero, con efectos desde el 03/04/2025, reforma que afecta a los apartados 1 y 3, y por la que se añade un nuevo apartado 5.

«1. Los litigantes están facultados para disponer del objeto del juicio y podrán renunciar, desistir del juicio, allanarse, someterse a mediación, a cualquier otro medio adecuado de solución de controversias o a arbitraje, y transigir sobre lo que sea objeto del mismo, excepto cuando la ley lo prohíba o establezca limitaciones por razones de interés general o en beneficio de tercero.

Estos actos de disposición de los litigantes no podrán realizarse una vez señalado día para la deliberación, votación y fallo del recurso de casación.

2. Si las partes pretendieran una transacción judicial y el acuerdo o convenio que alcanzaren fuere conforme a lo previsto en el apartado anterior, será homologado por el tribunal que esté conociendo del litigio al que se pretenda poner fin.

3. Los actos a los que se refieren los apartados anteriores podrán realizarse, según su naturaleza, en cualquier momento de la primera instancia o de los recursos o de la ejecución de sentencia, sin perjuicio de la regla especial para el recurso de casación contenida en el segundo párrafo del apartado 1.

4. Asimismo, las partes podrán solicitar la suspensión del proceso, que será acordada por el Letrado de la Administración de Justicia mediante decreto siempre que no perjudique al interés general o a tercero y que el plazo de la suspensión no supere los sesenta días.

5. En cualquier momento del procedimiento, el letrado o letrada de la Administración de Justicia o el juez, jueza o tribunal podrá plantear a las partes la posibilidad de derivar el litigio a mediación o a otro medio adecuado de solución de controversias, siempre que considere, mediante resolución motivada que podrá ser oral, que concurren circunstancias que posibilitan una solución del conflicto en dicho ámbito y, singularmente, en los casos en que no haya sido posible llevar a cabo la actividad negociadora previa. La derivación requerirá la conformidad de las partes, que podrán pedir conjuntamente la suspensión del procedimiento.

En los procedimientos en que intervengan personas mayores, definidas en el artículo 7 bis, se valorará específicamente esta circunstancia para promover la solución de los mismos a través de medios adecuados de solución de controversias, con especial consideración a la salvaguarda del principio de igualdad entre las partes».

(3) Este formulario hace referencia a la mediación, si bien tras la LO 1/2025, de 2 de enero, y la modificación por la misma del artículo 19.1 de la LEC, en vigor a partir del 03/04/2025, puede entenderse igualmente aplicable en los casos de sometimiento a cualquier otro medio adecuado de solución de controversias.

(4) El artículo 179.2 de la LEC señala:

«El curso del procedimiento se podrá suspender de conformidad con lo que se establece en el apartado 4 del artículo 19 de la presente ley, y se reanudará si lo solicita cualquiera de las partes. Si, transcurrido el plazo por el que se acordó la suspensión, nadie pidiere, en los cinco días siguientes, la reanudación del proceso, el Letrado de la Administración de Justicia acordará archivar provisionalmente los autos y permanecerán en tal situación mientras no se solicite la continuación del proceso o se produzca la caducidad de instancia».

Modelo genérico de documento de acreditación de haber intentado una negociación

> **A TENER EN CUENTA.** Este formulario será aplicable a partir del 03/04/2025, fecha de entrada en vigor de la regulación sobre los medios adecuados de solución de controversias en vía no jurisdiccional prevista en la LO 1/2025, de 2 de enero.

Establece el **artículo 10 de la LO 1/2025, de 2 de enero, apartados 2 y 3:**

«2. Si no hubiera intervenido una tercera persona neutral, la acreditación se cumplirá mediante cualquier documento firmado por ambas partes en el que se deje constancia de la identidad de las mismas y, en su caso, de las personas profesionales o expertas que hayan participado asesorándolas, la fecha, el objeto de la controversia, la fecha de la reunión o reuniones mantenidas, en su caso, y la declaración responsable de que las dos partes han intervenido de buena fe en el proceso. En su defecto, podrá acreditarse el intento de negociación mediante cualquier documento que pruebe que la otra parte ha recibido la solicitud o invitación para negociar o, en su caso, la propuesta, en qué fecha, y que ha podido acceder a su contenido íntegro.

3. En el caso de que haya intervenido una tercera persona neutral gestionando la actividad negociadora, esta deberá expedir, a petición de cualquiera de las partes, un documento en el que deberá hacer constar:

a) La identidad del tercero, su cualificación, colegio profesional, institución a la que pertenece o registro en el que esté inscrito.

b) La identidad de las partes.

c) El objeto de la controversia.

d) La fecha de la reunión o reuniones mantenidas.

e) La declaración solemne de que las dos partes han intervenido de buena fe en el proceso, para que surta efectos ante la autoridad judicial correspondiente.

En caso de que alguna de las partes no hubiese comparecido o hubiese rehusado la invitación a participar en la actividad negociadora, se consignará dicha circunstancia y, en su caso, la forma en la que se ha realizado la citación efectiva, la justificación de haber sido realizada, y la fecha de recepción de la misma».

ACREDITACIÓN DEL INTENTO DE NEGOCIACIÓN

Comparecen ante mi don/doña [NOMBRE Y PROFESIÓN TERCERA PERSONA NEUTRAL], don/doña [PERSONA PARTE DE LA NEGOCIACIÓN] y don/doña [PERSONA PARTE EN LA NEGOCIACIÓN] siendo las [HORA] del día [DÍA] de [MES] de [AÑO], en [LUGAR], para llevar a cabo un acto de negociación a través del cual ambas partes puedan, ante mí, llegar a un acuerdo sobre [ESPECIFICAR OBJETO DE LA CONTROVERSIA].

El acto de negociación ha constado de las siguientes reuniones, en las que yo como tercero neutral he estado presente en todas ellas:

- [LUGAR Y FECHA DE LA REUNIÓN].
- [LUGAR Y FECHA DE LA REUNIÓN].
- [LUGAR Y FECHA DE LA REUNIÓN].

A los efectos de cumplir con lo establecido en el artículo 10 de la LO 1/2025, de 2 de enero, ambas partes firman la siguiente declaración solemne de buena fe:

Yo, don/doña [PARTE EN LA NEGOCIACIÓN] declaro que en el proceso de negociación celebrado ante don/doña [NOMBRE TERCERO NEUTRAL] para intentar el acuerdo con don/doña [PARTE EN LA NEGOCIACIÓN] sobre la controversia surgida en torno a [OBJETO CONTROVERSIA] he intervenido de buena fe.

En [LUGAR] a [FECHA].

Fdo. [FIRMA PARTE EN LA NEGOCIACIÓN]

- Yo, don/doña [PARTE EN LA NEGOCIACIÓN] declaro que en el proceso de negociación celebrado ante don/doña [NOMBRE TERCERO NEUTRAL] para intentar el acuerdo con don/doña [PARTE EN LA NEGOCIACIÓN] sobre la controversia surgida en torno a [OBJETO CONTROVERSIA] he intervenido de buena fe.

En [LUGAR] a [FECHA].

Fdo. [FIRMA PARTE EN LA NEGOCIACIÓN]

- Así, a los efectos de acreditar que se ha intentado una actividad negociadora entre don/doña [PERSONA PARTE DE LA NEGOCIACIÓN] y don/doña [PERSONA PARTE EN LA NEGOCIACIÓN] firmo la presente en [LUGAR] a [FECHA].

Fdo. [FIRMA TERCERO NEUTRAL]

Modelo de hoja de encargo en un acto de conciliación privada

A TENER EN CUENTA. Este formulario será aplicable a partir del 03/04/2025, fecha de entrada en vigor de la regulación sobre los medios adecuados de solución de controversias en vía no jurisdiccional prevista en la LO 1/2025, de 2 de enero.

El acto de conciliación privada, como medio adecuado de solución de controversias en vía no jurisdiccional previsto en los artículos 15 y 16 de la LO 1/2025, de 2 de enero, en vigor a partir del 3 de abril de 2025, se refiere a la posibilidad de requerir a una persona con conocimientos técnicos o jurídicos relacionados con la materia de que se trate para gestionar la actividad negociadora tendente a alcanzar un acuerdo conciliatorio con la parte a la que se pretenda demandar.

El presente formulario contiene un modelo de hoja de encargo a efectos de la actuación de la persona conciliadora.

HOJA DE ENCARGO PARA CONCILIACIÓN PRIVADA (1)

De una parte, **don/doña** [NOMBRE_PARTE], y, de otra parte, **don/doña** [NOMBRE_OTRA_PARTE] como partes **(2)** del acto de conciliación privada llevado a cabo al objeto de alcanzar un acuerdo en relación con [ESPECIFICAR OBJETO DE LA CONTROVERSIA] **(3)** solicitan, de mutuo acuerdo **(2)**, a don/doña [NOMBRE_PERSONA_CONCILIADORA] que acepte **actuar como persona conciliadora** en el referido acto de conciliación privada dada su condición de inscrito/a como [ESPECIFICAR] **(4)**. A tales efectos ponen de manifiesto **(3)**,

PRIMERO.- Partes intervinientes **(5)**

Intervienen en el acto de conciliación privada:

- Don/Doña [NOMBRE_PARTE] [ESPECIFICAR].
- Don/Doña [NOMBRE_PARTE] [ESPECIFICAR].

SEGUNDO.- Contenido de la discrepancia objeto de conciliación

[ESPECIFICAR] **(6)**.

TERCERO.- Comunicaciones

A efectos de comunicaciones se disponen los siguientes medios:

- Teléfonos [ESPECIFICAR].
- Correo electrónico [ESPECIFICAR].
- [ESPECIFICAR MEDIO PARA ENCUENTRO VIRTUAL MEDIANTE VIDEOCONFERENCIA].

Es por todo ello que,

Don/Doña [NOMBRE_PARTE] y don/doña [NOMBRE_OTRA_PARTE], de mutuo acuerdo, REQUIEREN a don/doña [NOMBRE_PERSONA_CONCILIADORA] para que acepte el encargo profesional efectuado e intervenga como persona conciliadora en el acto de conciliación privada sobre [ESPECIFICAR OBJETO DE LA CONTROVERSIA], asumiendo las funciones descritas legalmente **(7)**, así como, a tales efectos, acepte expresamente la responsabilidad de la gestión leal, objetiva, neutral e imparcial del encargo recibido, asumiendo en caso contrario las responsabilidades oportunas por el ejercicio inadecuado de su función.

En [LUGAR], a [DÍA] de [MES] de [AÑO]

FIRMAS

Don/Doña [NOMBRE_PARTE] Don/Doña [NOMBRE_OTRA_PARTE]

---

(1) La LO 1/2025, de 2 de enero, en vigor en este punto a partir del 03/04/2025, introduce la regulación de los medios adecuados de solución de controversias en vía no jurisdiccional, entre los que se encuentra la llamada conciliación privada, artículos 15 y 16 de la citada ley orgánica. Señala el artículo 15.1 de la LO 1/2025, de 2 de enero, que «Toda persona física o jurídica que se proponga ejercitar las acciones legales que le corresponden en defensa de un derecho, puede requerir a una persona con conocimientos técnicos o jurídicos relacionados con la materia de que se trate, para que gestione una actividad negociadora tendente a alcanzar un acuerdo conciliatorio con la parte a la que se pretenda demandar».

(2) Conforme al artículo 15.3 de la LO 1/2025, de 2 de enero (en vigor a partir del 03/04/2025) el encargo profesional a la persona conciliadora podrá hacerse por las dos partes de mutuo acuerdo o por una de ellas.

(3) Artículo 15.3 de la LO 1/2025, de 2 de enero (en vigor a partir del 03/04/2025): «(...) En el encargo se ha de expresar sucintamente, pero con la necesaria claridad, el contenido de la discrepancia objeto de conciliación, así como la identidad y circunstancias de la otra u otras partes. De la misma forma se procederá cuando sean las dos partes, de mutuo acuerdo, las que soliciten la intervención de la persona que hayan convenido para la realización de tal actividad. A efectos de comunicación entre el conciliador y las partes, se deberá indicar específicamente el teléfono, el correo electrónico a efectos de citaciones, así como, en su caso, el medio del que se dispone para la realización de los encuentros virtuales mediante videoconferencia».

(4) Los requisitos para intervenir como persona conciliadora se contienen en el artículo 15.2 de la LO 1/2025, de 2 de enero (en vigor a partir del 03/04/2025), entre ellos se exige estar inscrito/a como ejerciente en algún colegio profesional (abogacía, procura, graduados sociales, economistas, notariado, registradores de la propiedad, u otro reconocido legalmente) o bien estar inscrito/a como persona mediadora en los registros correspondientes o pertenecer a instituciones de mediación debidamente homologadas.

(5) Expresar identidad y circunstancias de las partes.

(6) Expresar sucintamente, pero con claridad, el contenido de la discrepancia objeto de conciliación.

(7) Se enumeran las funciones de la persona conciliadora en el artículo 16 de la LO 1/2025, de 2 de enero, en vigor a partir del 03/04/2025.

Modelo de oferta vinculante confidencial

A TENER EN CUENTA. Este formulario será aplicable a partir del 03/04/2025, fecha de entrada en vigor de la regulación sobre los medios adecuados de solución de controversias en vía no jurisdiccional prevista en la LO 1/2025, de 2 de enero.

Establece el **art. 17 de la LO 1/2025, de 2 de enero:**

«1. Cualquier persona que, con ánimo de dar solución a una controversia, formule una oferta vinculante confidencial a la otra parte, queda obligada a cumplir la obligación que asume, una vez que la parte a la que va dirigida la acepta expresamente. Dicha aceptación tendrá carácter irrevocable.

2. La forma de remisión tanto de la oferta como de la aceptación ha de permitir dejar constancia de la identidad del oferente, de su recepción efectiva por la otra parte y de la fecha en la que se produce dicha recepción, así como de su contenido.

3. La oferta vinculante tendrá carácter confidencial en todo caso, siéndole de aplicación lo dispuesto en el artículo 9.

4. En el caso de que la oferta vinculante sea rechazada, o no sea aceptada expresamente por la otra parte en el plazo de un mes o en cualquier otro plazo mayor establecido por la parte requirente, la oferta vinculante decaerá y la parte requirente podrá ejercitar la acción que le corresponda ante el tribunal competente, entendiendo que se ha cumplido el requisito de procedibilidad. Basta en este caso acreditar la remisión de la oferta a la otra parte por manifestación expresa en el escrito de demanda o en la contestación a la misma, en su caso, a cuyo documento procesal se ha de acompañar el justificante de haberla enviado y de que la misma ha sido recibida por la parte requerida, sin que pueda hacerse mención a su contenido».

OFERTA VINCULANTE CONFIDENCIAL

Don/Doña [NOMBRE LETRADO/A] **(1),** con número de colegiado/a [NÚMERO COLEGIADO] del Ilustre Colegio de Abogados de [LOCALIDAD], emito oferta vinculante en nombre y representación de don/doña [NOMBRE CLIENTE] mayor de edad, con domicilio en [DOMICILIO], representación que acredito mediante copia de la escritura de apoderamiento que acompaño como **documento n.º** [NÚMERO], **hacia don/doña** [NOMBRE PARTE CONTRARIA], mayor de edad con domicilio en [DOMICILIO].

La oferta vinculante que esta parte emite consta de los siguientes extremos:

PRIMERO.- Entre don/doña [NOMBRE CLIENTE] y don/doña [NOMBRE PARTE CONTRARIA] ha surgido una controversia en torno a [OBJETO CONTROVERSIA].

SEGUNDO.- Esta parte como oferta vinculante para dar solución a la anterior controversia se compromete a abonar a don/doña [NOMBRE PARTE CONTRARIA] la cantidad de [CANTIDAD EN LETRA] **euros** ([CANTIDAD EN NÚMERO] **€).**

TERCERO.- La presente oferta vinculante es confidencial, de acuerdo con lo establecido en el **artículo 17 de la LO 1/2025, de 2 de enero.**

CUARTO.- Don/Doña [NOMBRE PARTE CONTRARIA], en caso de aceptar la referida oferta, deberá hacerlo de forma expresa en el plazo de 1 mes a contar desde la recepción de la presente. **(2)**

Sin más dilación, solicito se tome en consideración la oferta planteada a efectos de terminar con la referida controversia a la mayor brevedad posible, si bien, en caso de ser rechazada la oferta, la misma decaerá y esta parte ejercitará las acciones legales que le corresponden ante los tribunales.

Atentamente les saluda:

En [LUGAR] a [FECHA].

Fdo. [LETRADO/A]

---

(1) De acuerdo con el art. 6 de la LO 1/2025, de 2 de enero, apartado 2: «Únicamente será preceptiva la asistencia letrada a las partes cuando se utilice como medio adecuado de solución de controversias la formulación de una oferta vinculante, excepto cuando la cuantía del asunto controvertido no supere los dos mil euros o bien cuando una ley sectorial no exija la intervención de letrado o letrada para la realización o aceptación de la oferta».

(2) En el caso de que la oferta vinculante sea rechazada, o no sea aceptada expresamente por la otra parte en el plazo de un mes o en cualquier otro plazo mayor establecido por la parte requirente, la oferta vinculante decaerá y la parte requirente podrá ejercitar la acción que le corresponda ante el tribunal competente, entendiendo que se ha cumplido el requisito de procedibilidad. Basta en este caso acreditar la remisión de la oferta a la otra parte por manifestación expresa en el escrito de demanda o en la contestación a la misma, en su caso, a cuyo documento procesal se ha de acompañar el justificante de haberla enviado y de que la misma ha sido recibida por la parte requerida, sin que pueda hacerse mención a su contenido (art. 17.4 de la LO 1/2025, de 2 de enero).

Modelo de acta final en un proceso de derecho colaborativo

A TENER EN CUENTA. Este formulario será aplicable a partir del 03/04/2025, fecha de entrada en vigor de la regulación sobre los medios adecuados de solución de controversias en vía no jurisdiccional prevista en la LO 1/2025, de 2 de enero.

El artículo 19 de la LO 1/2025, de 2 de enero, en vigor a partir del 3 de abril de 2025, se refiere al proceso de derecho colaborativo en los términos siguientes:

«1. Las partes podrán acudir a un proceso de Derecho colaborativo, por el que, acompañadas y asesoradas cada una de ellas por una o un profesional de la abogacía ejerciente y con colegiación en un Colegio de la Abogacía, acreditado en Derecho colaborativo, y con la intervención, en su caso, de terceras personas neutrales expertas en las diferentes materias sobre las que verse la controversia o facilitadoras de la comunicación, buscarán la solución consensuada, total o parcial, a su controversia.

2. Los principios fundamentales del proceso colaborativo son: la buena fe, la negociación sobre intereses, la transparencia, la confidencialidad, el trabajo en equipo entre las partes, sus abogadas y abogados y las terceras personas expertas neutrales que pudieran, en su caso, participar, así como la renuncia a tribunales por parte de los y las profesionales de la abogacía que hayan intervenido en el proceso, caso de no conseguirse una solución, total o parcial, de la controversia.

3. Tras un proceso colaborativo, los **profesionales de la abogacía que hayan intervenido en el mismo redactarán un acta final por el que se haga constar las partes, profesionales intervinientes, sesiones llevadas a cabo, así como los acuerdos adoptados y las cuestiones sobre las que no haya sido posible alcanzar un acuerdo** entre las partes».

ACTA FINAL DE PROCESO DE DERECHO COLABORATIVO (1)

Reunidos en [LUGAR] el [DÍA] de [MES] del [AÑO] a las [HORA]: **(2)**

Don/Doña [NOMBRE_PARTE] asistido/a de don/doña [NOMBRE_LETRADO/A], con número de colegiado/a [NÚMERO_COLEGIADO] en el ICA de [LUGAR], acreditado en derecho colaborativo.

Don/Doña [NOMBRE_OTRA_PARTE] asistido/a de don/doña [NOMBRE_LETRADO/A], con número de colegiado/a [NÚMERO_COLEGIADO] en el ICA de [LUGAR], acreditado en derecho colaborativo.

En cumplimiento de lo previsto en el apartado 3 del artículo 19 de la Ley Orgánica 1/2025, de 2 de enero, de medidas en materia de eficiencia del Servicio Público de Justicia, **(3)** procedemos a formalizar el siguiente **acta final de proceso colaborativo,**

PRIMERO.- Partes de la controversia

Son partes de la controversia cuya solución consensuada se pretende en el proceso colaborativo celebrado:

– Don/Doña [NOMBRE_PARTE].

– Don/Doña [NOMBRE_PARTE].

SEGUNDO.- Profesionales que intervienen (4)

Intervienen en el proceso colaborativo:

– Don/Doña [NOMBRE_EXPERTO/A], en calidad de tercera persona neutral experta en [ESPECIFICAR_MATERIA].

– Don/Doña [NOMBRE_EXPERTO/A], en calidad de tercera persona neutral experta en [ESPECIFICAR_MATERIA].

[ESPECIFICAR].

TERCERO.- Sesiones

A efectos de buscar la solución consensuada de la controversia, se celebran las siguientes sesiones:

- En [LUGAR] el [DÍA] de [MES] del [AÑO] a las [HORA].

- En [LUGAR] el [DÍA] de [MES] del [AÑO] a las [HORA].

CUARTO.- Acuerdos

Las partes intervinientes en el proceso colaborativo llegan a acuerdo en los siguientes aspectos:

[ESPECIFICAR]

QUINTO.- Falta de acuerdo

Las partes intervinientes en el proceso colaborativo no han llegado acuerdo sobre las siguientes cuestiones:

[ESPECIFICAR]

Así queda otorgado este acta por don/doña [NOMBRE_LETRADO/A] y don/doña [NOMBRE_LETRADO/A] en lugar y fecha arriba indicados.

Firmado

Don/Doña [NOMBRE_LETRADO/A]   Don/Doña [NOMBRE_LETRADO/A]

---

(1) El proceso de derecho colaborativo es uno de los medios adecuados de solución de controversias en la vía no jurisdiccional introducidos por la LO 1/2025, de 2 de enero, en vigor en este punto a partir del 3 de abril de 2025. Se regula en el artículo 19 de la citada norma, el cual, entre otros aspectos, se refiere a la necesidad de redactar un acta final del proceso colaborativo.

(2) Se exige que en el proceso de derecho colaborativo las partes acudan acompañadas y asesoradas cada una de ellas por un/una profesional de la abogacía ejerciente y con colegiación en un Colegio de la Abogacía, acreditado en derecho colaborativo.

(3) El artículo 19.3 de la LO 1/2025, de 2 de enero (en vigor a partir del 03/04/2025) señala: «Tras un proceso colaborativo, los profesionales de la abogacía que hayan intervenido en el mismo redactarán un acta final por el que se haga constar las partes, profesionales intervinientes, sesiones llevadas a cabo, así como los acuerdos adoptados y las cuestiones sobre las que no haya sido posible alcanzar un acuerdo entre las partes».

(4) En el proceso colaborativo podrán intervenir terceras personas neutrales expertas en las diferentes materias sobre las que verse la controversia o facilitadoras de la comunicación.

Solicitud de homologación judicial de acuerdo

AL JUZGADO DE PRIMERA INSTANCIA N.º [NÚMERO] **DE** [LOCALIDAD] **(1)**

Don/Doña [NOMBRE_PROCURADOR/A], procuradores de los tribunales, interviniendo respectivamente en nombre de **don/doña** [NOMBRE_CLIENTE], demandante y demandada en los presentes Autos n.º [NÚMERO_AUTOS], representación que consta debidamente acreditada en el presente procedimiento, y bajo la dirección letrada de don/doña [NOMBRE_ABOGADO/A] colegiado/a número [NÚMERO_COLEGIADO/A] del Ilustre Colegio de Abogados de [LOCALIDAD] ante el Juzgado comparecen y como mejor proceda en derecho,

DICEN

Que las partes han alcanzado un acuerdo que resuelve la cuestión litigiosa, y debido a ello, han convenido en presentar dicho acuerdo para su aprobación por el Juzgado. Por tanto, mediante el presente escrito solicitan la **HOMOLOGACIÓN JUDICIAL DEL ACUERDO ALCANZADO** entre las partes en los términos que constan en el **documento n.º** [NÚMERO] que acompañamos al presente escrito.

Dicho acuerdo no perjudica el interés general ni es lesivo para el interés de terceros no contrario a prohibición o limitación legal alguna sobre transacciones. Basamos esta pretensión en los dispuesto en los **artículos 19.1 (2) y 2 de la Ley de Enjuiciamiento Civil**

«1. Los litigantes están facultados para disponer del objeto del juicio y podrán renunciar, desistir del juicio, allanarse, someterse a mediación, a cualquier otro medio adecuado de solución de controversias o a arbitraje, y transigir sobre lo que sea objeto del mismo, excepto cuando la ley lo prohíba o establezca limitaciones por razones de interés general o en beneficio de tercero.

Estos actos de disposición de los litigantes no podrán realizarse una vez señalado día para la deliberación, votación y fallo del recurso de casación.

2. Si las partes pretendieran una transacción judicial y el acuerdo o convenio que alcanzaren fuere conforme a lo previsto en el apartado anterior, será homologado por el tribunal que esté conociendo del litigio al que se pretenda poner fin».

Ambos procuradores firmantes acreditan entre las facultades contenidas en sus respectivas escrituras públicas de apoderamiento la de transigir sobre el objeto del presente procedimiento.

Por lo expuesto,

SUPLICO AL JUZGADO:

Que tenga por presentado este escrito con sus documentos y copias de todo ello, lo admita y proceda a la **HOMOLOGACIÓN DEL REFERIDO ACUERDO** de acuerdo con el **artículo 19.2 de la Ley de Enjuiciamiento Civil** .

Es Justicia en [LOCALIDAD] a [FECHA].

Fdo.: D./D.ª [NOMBRE_ABOGADO/A] Fdo.: D./D.ª [NOMBRE_PROCURADOR/A]

(1) Conforme a la disposición transitoria primera de la Ley Orgánica 1/2025, de 2 de enero, de medidas en materia de eficiencia del Servicio Público de Justicia, los juzgados de primera instancia se transformarán en las correspondientes secciones de lo civil de los tribunales de instancia. Este proceso de transformación culminará el 31/12/2025.

(2) El artículo 19 de la LEC, apartado 1, ha sido modificado por la LO 1/2025, de 2 de enero, con efectos a partir del 3 de abril de 2025, para añadir a la medicación cualquier otro medio adecuado de solución de controversias.